JN190610

決定版 ダイエットは習慣が9割

増戸聡司

リチェンジ

はじめに

『ダイエットは習慣が9割』というタイトルを見て「どういうこと?」と疑問符が浮かんだ方もいると思います。そんなあなたには、まず「おめでとうございます!」という言葉をお伝えしたいと思います。

ほとんどのダイエット本は「1ヶ月で5キロ痩せる!」や「○○だけで簡単に痩せる!」など、短期間で大幅に、手軽に痩せることをアピールしています。この状況は令和になっても変わらず、新しいダイエット法が続々と登場しています。

バナナダイエット、こんにゃくダイエット、近年では糖質制限や「○時間断食」といった方法も流行しましたが、そうした方法で短期的に痩せてもリバウンドしてしまった、という方が、あなたの周りにもいるのではないでしょうか? 「短期間で大幅に痩せる! しかも○○だけで！」とアピールしているダイエットほど、高確率でリバウンドするものなのです。

また、「今年こそ痩せるぞ」とスポーツクラブに入会したけれど、なかなかやる気が続かなかったり、家で筋トレをしようと始めても、三日坊主で終わってしまう人も多いと思います。

短期間だけダイエットを頑張って体重が減っても、その生活を維持しなければ体型も元に戻って当然です。ダイエットは短期的なイベントではなく、一生続く生活習慣です。だからこそ、この本のタイトルは『ダイエットは習慣が9割』なのです。タイトルを見て「どういうこと？」と思い手に取った方は、健康的に痩せてリバウンドしない本当のダイエットにたどり着いたということなので、「おめでとうございます！」とお伝えしました。

申し遅れましたが、本書の著者、ダイエットポリスこと増戸聡司（ましとさとし）と申します。

この「ダイエットポリス」という肩書きは、X（旧Twitter）を中心としたSNSでの私のアカウント名です。健康を害したり、リバウンドしたりするような危険なダイエットを注意喚起し、「健康的に痩せてリバウンドしない本物のダイエット法」を伝える活動をしています。

私の本業はダイエットトレーナーです。ダイエットプログラムで一世を風靡（ふうび）した某ダイエットジムでのトレーナー経験などを経て、現在はオンラインで食事指導を行ったり、運動指導者としてクルーズ船で年齢や性別を問わず、多くの方の健康をサポートしています。

ちなみにトレーナーになる前は、警察官をしていたことから、ダイエットポリスというアカウント名が誕生しました。

たくさんの方にダイエット指導をしてきて感じるのは、ほとんどの人が早く、手軽に痩せたいあまりに、短期集中の○○ダイエットに飛びつきすぎているということです。

「今までいろいろなダイエットをしてきたけど、毎回リバウンド……」

「年齢のせいか、以前より痩せにくくなった……」

「私は意志が弱いから痩せない。もうあきらめようかな……」

このような思いをしている方に、ぜひ本書を読んでいただきたいと思います。


この本では「1ヶ月で5キロ痩せる！　しかも○○だけで！」とアピールするダイエットとは、真逆の方法をお伝えしています。体重は緩やかにしか減らしません。その代わりに、健康を害することなく痩せることができて、リバウンドもしないダイエットです。

そもそもダイエットは、「何か1つの○○だけをやれば痩せる」というものではありません。イメージとしては、大学入学共通テスト（昔のセンター試験）のようなものです。1教科だけを必死に頑張っても、他の教科を疎かにしていたら合格はできません。「○○だけダイエット」も同じです。本当のダイエットは、すべての教科でまんべんなく平均点を取ることで結果的に合格する、そんなイメージです。

たとえば、よくある危険なダイエットは、食事制限を最重要視するものです。制限なので、食べる量を我慢して減らすことばかりに目がいきます。しかし正しいダイエットは、食事制限ではなく「食事改善」をします。「何を我慢するか？」ではなく、「何を、どのくらい、いつ、どのようにして食べるか？」を考えることが食事改善です。また「ダイエットといえば、とにかく運動！」と思っている人も多いですが、実際には日々の歩行、階段、姿勢、呼吸などもダイエットで大切な要素です。さらには睡眠やストレスのコントロールも、健康的に痩せるために欠かせません。

間違ったダイエットは厳しい食事制限なので続かなくて当然ですが、本当のダイエットは生活習慣を緩やかに変えるので、決してつらいものではありません。もしあなたが、この本でお伝えすることを実践し、それを習慣化することができれば、「今はダイエット中だ」という意識さえなくなり、気づいたら健康状態も良くなり痩せていた――そんな明るい未来が待っています。

ぜひ、本書を読むだけでなく、必ず実践してください。そして、疑問があれば、X（旧Twitter）やＬＩＮＥのオープンチャットなどで、質問してください。本書を読んでくださったみなさんが正しいダイエットの仕組みを知り、人生で最後のダイエットにしていただけたら本望です。そして健康的に痩せて、理想の体型を維持できる方が一人でも増えるように願っています。

２０２４年10月

ダイエットポリス・増戸 聡司

はじめに

目　次

第2章　ダイエットは習慣が9割

第3章　リバウンドせず健康的に痩せるための目標設定

目次

目次

01

あなたのダイエットはなぜ続かないのか

つらいダイエットは失敗する

脱・短期集中ダイエット

私のもとには、さまざまなダイエットをくり返してきた方がたくさんいらっしゃいます。そのほとんどが、炭水化物抜きのような極端な制限のあるダイエット方法を経験しています。記憶をさかのぼると、「バナナダイエット」や「こんにゃくダイエット」など、ひとつの食材だけを食べるダイエット方法から、近年では「糖質制限」や「16時間断食」などが流行しました。この本を手に取ってくださったあなたも、もしかしたら実践しているかもしれませんね。

糖質制限ブームは2020年代に入ってからも衰えることなく、コンビニやスーパーには低糖質食品が登場したり、外食チェーン店でも低糖質メニューを扱う店が増えたりと、ここ数年では、糖質制限ダイエットが多くの人に浸透していると感じます。

そもそも糖質制限が広まったきっかけは、1972年に米国人医師のロバート・アトキンス氏が出版した『アトキンス博士のローカーボダイエット』が世界的なベストセラーとなったことが始まりです。日本では、２０１２年に第一号店がオープンしたライザップの影響が大きく、以降、徐々に広まってきたように感じます。

確かに糖質制限をすると、1週間ほどで体重が1～2キロ以上減る人もいます（ただし、その大半は水分の減少です。このことは4章で詳しくお話しします）。一方で、糖質制限を続けることで、頭がぼーっとして集中力が低下する、便秘になりやすい、疲れやすい、ストレスが溜まるなどの弊害もあります。

というのも、糖質は人間にとって最も効率がいいエネルギー源だからです。低糖質の食事が続くと、私たちの身体は体脂肪だけでなく筋肉も分解してエネルギーを生み出そうとします。また、多くの人は糖質を減らすとタンパク質や脂質の摂取が多くなり、肝臓や腎臓などに大きな負担をかけることになるのです。

多くのパーソナルトレーニングジムでも、短期集中ダイエットのために糖質制限を取り入れています。しかし糖質制限は心身への負担が大きく、またパーソナルトレーニングが高額なことから、たいていは2～3ヶ月の期間です。高額であり短期間だからこそ、つらい糖質制限ができるともいえます。ライザップの印象的なCMは、短期間しかできない過度な食事制限の賜物です。短期間で劇的に変化した芸能人のほとんどが、数ヶ月後にリバウンドしているのは当然の結果です。

私も以前は低糖質の食事指導をしていたことがあり、「一旦は短期間で急激に痩せたけど、その後に大幅なリバウンドをした」という何人もの事例を見てきました。

芸能人だけでなく、多くの一般の人も糖質制限で大幅なリバウンドをしているのにもかかわらず、ここまで糖質制限ダイエットが流行した理由は何でしょう？

それは、

①シンプルな方法である
②短期間で体重が落ちやすい

この2点にほかなりません。

つまり、多くの人はダイエットに対して「短期間で終わらせたい」という願望を持っているということです。そして短期間で終わらせたい理由は、「ダイエットはつらい」と思っているためです。この思い込みが、健康を損なう極端なダイエットにつながっています。

この本でまず気づいていただきたいのは、**「つらいダイエットは失敗のもと」**ということです。

何かを制限して短期的に痩せるダイエットは、俳優やアスリートなど撮影や試合前の追い込みで、一時的に痩せる必要がある特殊な状況の人なら成功といえるでしょう。

しかし、一般の人にとってはどうでしょう？　たいていの人が、元の食生活に戻した結果、リバウンドします。たとえ一時的に減量が叶ったとしても、リバウンドしてしまうのであれば、そのダイエットは失敗です。今やっているダイエットがつらいのなら、そのダイエット方法は見直すべきです。

健康的に痩せてリバウンドもしない、本当のダイエットができているときは、「ダイエットをしている」という感覚がなくなってくるものです。その状態になってはじめて、「ダイエットの卒業」といえます。この本では、その方法をお伝えしていきます。

習慣にならないダイエットは勝率2割のギャンブル

短期集中ダイエットは、健康を損なうリスクもはらんでいます。

急激なダイエットが心身に影響を与える研究結果として知られているのが、1940年代に行われたミネソタ飢餓実験です。これは、第二次世界大戦後の飢餓犠牲者に対する救済を目的とした研究で、22~33歳までの心身ともに健康な男性に、6ヶ月間で体重の25%が減るようカロリー調整を行いました。

すると、たった6ヶ月で基礎代謝が40%低下、体温も低下し、夏でも寒気を覚えるようになったといいます。さらに心拍数の低下や毛髪や爪、皮膚の状態の悪化、性欲の減退や疲労感など、さまざまな生命活動が低下しました。

また、ほとんどの被験者が抑うつ的な心理状態になり、常に食べ物のことばかりを考えるようになりました。このような症状は、摂食障害にまでつながり、判断力や集中力の低下ばかりか、自傷行為やひきこもり状態にまでつながったそうです。

また、摂取カロリーを極端に減らすと、食欲を増進させるグレリンというホルモンの分泌が増えたという研究結果が２０１１年に発表されています。そしてこの増えたグレリンは、食事を戻しても1年ほどは増えた状態が続いたということです。

未だに「1ヶ月で体重の5％以内の減量であれば安全」などと話す人がいますが、毎月5％ずつのペースで減ると、6ヶ月間でミネソタ飢餓実験の25％減と大差ない減量幅になってしまいます。このような無理なダイエットは、確実に健康を脅かすことを忘れないでください。

この本でお伝えしたいのは、一時的な減量法ではありません。心身ともに健康で、理想の体型を無理なくキープできるダイエット法です。そのために**最も大切なキーワードが「習慣」です。**習慣が変わらない短期集中ダイエットは、自動的にリバウンドもセットでついてきますし、ひどい場合は健康寿命まで短くなってしまう恐れがあります。

基礎的な知識を身につけず、「すぐに痩せる」というフレーズに飛びついて、間違ったダイエットをすることは、ギャンブルよりも無謀です。

事実、ダイエットを始めた人の8割が、2年以内にリバウンドする――このような調査結果があります。リバウンドをくり返すほど痩せにくくなるので、最初のダイエットの失敗率が80％で、次は85％になり、その次は90％……というようなイメージです。

リバウンドにより体重が増え、痩せにくい体になっていくのであれば、それはマイナス作用でしかありません。私の指導経験からも、リバウンドをくり返している人ほど痩せるのが難しく、時間がかかる傾向があると感じます。

「勝率2割のギャンブルをやりたいか？」――この質問にYESと答える人はほとんどいないと思いますが、なぜかダイエットに関しては、多くの人が短期集中という無謀な挑戦をしつづけています。

何かを制限するダイエットをしている人は、今すぐやめて、この本をしっかり読むことをおすすめします。

ダイエットをくり返すほど太っていく真実

脂肪を蓄える能力とホメオスタシス

そもそも私たちは、「痩せにくく太りやすい能力」を持った生物です。これは、人類が飢餓と隣り合わせだった歴史を考えてみれば明らかです。

農耕と牧畜は約1万年前に始まりましたが、干ばつ、冷害、洪水、噴火などの自然災害やイナゴによる虫害、戦争などにより飢餓の心配は長く続きました。多くの人が飢えの心配をせずに生活できるようになったのは、第二次世界大戦以降のことで、6百万年ともいわれている長い人類史で見れば極めて最近のことです。

食べ物が安定して手に入らなかった時代は、痩せることは死を意味しました。そのため人類は生き延びる可能性が高くなるよう、体脂肪を多く蓄えるように進化しました。

狩猟採集時代には生き延びるために必要だった「痩せにくく太りやすい能力」を持った

まま、私たちは飽食の時代を生きています。コンビニやスーパーに行けば、24時間いつでも食べ物を買うことができ、短時間で大量のカロリーを摂取できる食品が数多く陳列され、フードロスが社会的な問題となっています。こんな生活が当たり前になったのは、戦後以降100年も経っていない期間の出来事です。

世界的に肥満者数が増えているのは、自然な流れともいえるのです。

さらに、人間には体温や体重を一定に保とうとする恒常性（ホメオスタシス）機能が備わっています。夏の暑い日に汗をかくことで体温を下げたり、寒いときに震えを起こして体温を上げたりするのも、ホメオスタシスによる現象です。

脂肪を蓄える能力とホメオスタシス——この生物としてのふたつの機能が、ダイエットによるリバウンドの正体です。

ダイエットで急激に食事量が少なくなると、脳は飢餓状態だと判断します。すると、筋肉を分解してエネルギーを作り出すのです。そして、エネルギーを節約しようとするため、基礎代謝量が低下します。また、同時に飢餓状態を回避するため、脳は食欲増進のための指令を出し、より多くの体脂肪を蓄えようとします。

このように、基礎代謝が低下している状態で、元の状態に戻ろうとホメオスタシス機能が働くため、筋肉は減り、体脂肪が増えている状態になります。

これが「ダイエットをくり返すほど太っていく」という現象のメカニズムです。

つまり、**ダイエット成功のカギは、脳が飢餓状態だと判断しないよう、緩やかに体重を減らすことにほかなりません。**

ダイエットをするほど太っていくワケ

流行りの**短期集中型のダイエットをしていると、リバウンドをくり返して太りやすい体になっていきます。**理由は、筋肉や代謝量が減っていき、逆に体脂肪量が増えていくからです。

リバウンド後、体重は変わらないのにお腹まわりがたるむなどして太って見えるようになった場合は、明らかに体脂肪が増えて筋肉が減っています。体脂肪は筋肉よりも密度が低いので、体重は同じでも体積が増えて太って見えるのです。

筋肉は日常的に運動をしていなければ、20代をピークに減少していきます。

活動的な生活を送っていない限り、中年期に入ると1年に1%ずつ減少するといわれています。特に下肢の筋肉は減りやすく、また加齢によって骨密度も低下します。筋肉の減少により転倒し骨折してしまい、そのまま寝たきり生活を余儀なくされるケースも少なくありません。

不適切なダイエットによって筋肉を減らすの

体脂肪増加の悪循環

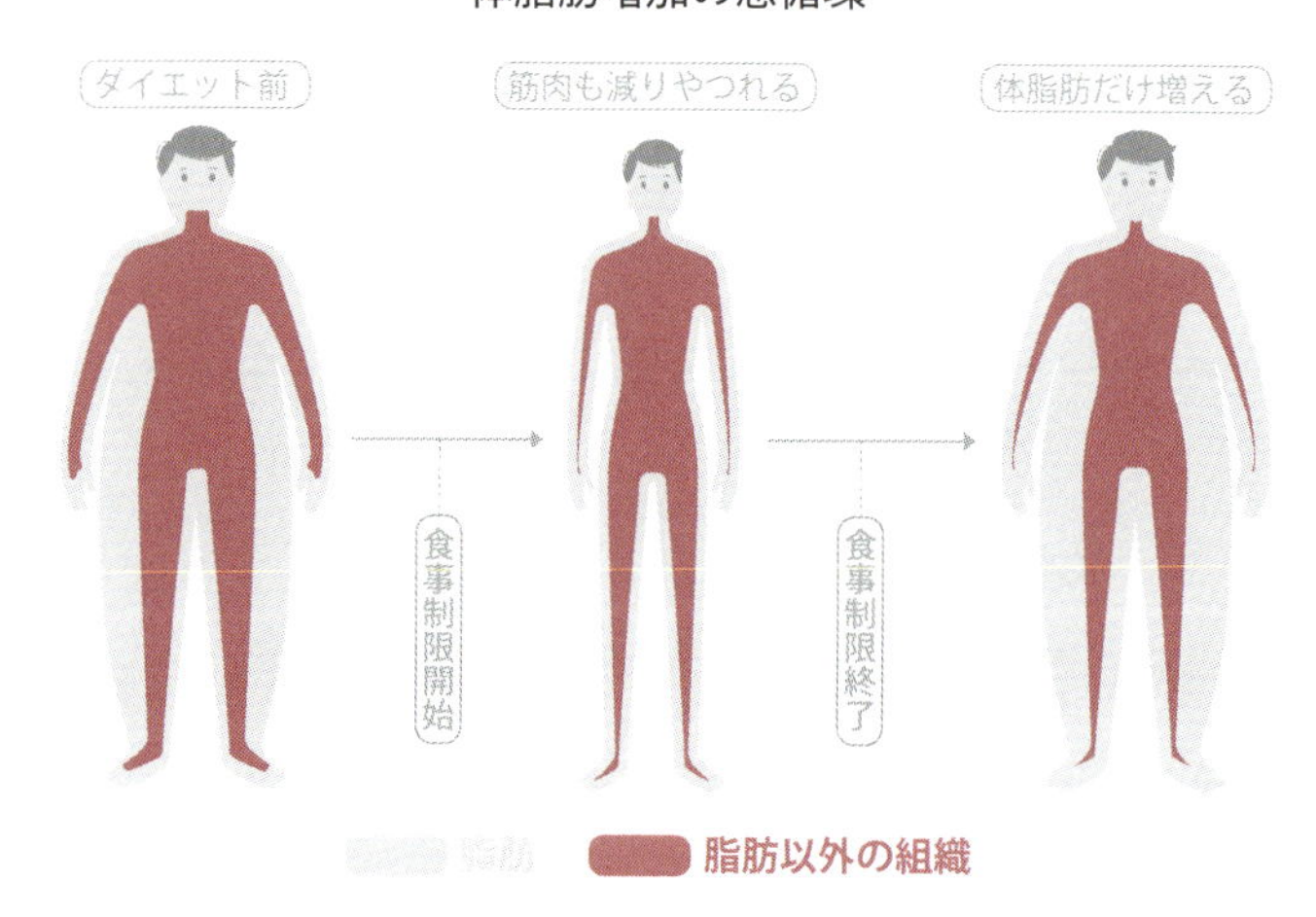

は、老化を加速させ、若くして寝たきりの状態に近づくということです。プロの指導や基本となる知識がないままＳＮＳなどの情報を見て、間違ったダイエットを行う人も、このような状況に陥りやすいです。

特に欠食や偏食、過度な食事制限による短期集中ダイエットは、筋肉が減りやすいので決してやってはいけません。

この本では、どんな人にも共通する知識をお伝えします。きちんと理解して取り組めば必ず健康的な体になるでしょう。ただし、そのためには時間が必要です。

目指すはリバウンドのないダイエット

現在私は、「**1ヶ月で現体重の1％以内を減らしていきましょう**」とお伝えしています。これは65キロの体重の人であれば、１ヶ月で0・65キロ以内、１００キロの人でも１ヶ月で１キロ以内という数値です。この目標を提示すると、ほとんどの方が「そんなスローペース？」と驚かれますが、１年続ければ、体重65キロの人なら7～8キロ、１００キロの人なら11〜12キロの減量が叶う数値です。

実際、スローペースなダイエットは、リバウンドのリスクが低いとされています。アメリカのブラウン大学の研究によると、リバウンドのリスクは減った体重を2年キープすると50％減り、5年以上体重をキープできた人は70％も減ったそうです。

ダイエットを志す多くの人が、「つらいダイエットを1年間も続けるのは嫌だ。きついことは短期間だけで終わらせたい」などと話します。しかし、1年間さえも続けることができないのは、つらい・間違ったダイエットをして心身への負担が多くなっているせいです。体重を落とすペースが緩やかであるほど、無理なく長期的に続けることができます。それこそが、リバウンドしない本当のダイエットです。

不健康な食生活をしていた人が健康的な食生活に変えた場合、最初のころは1ヶ月で2〜3キロなど、1％以上のペースで体重減少が起きることがあります。このとき、無理をしていないのなら問題はありません。しかし、急激に食事量や摂取カロリーを減らしすぎている可能性もあります。たとえば、お菓子や甘いジュースを減らしたことによる体重減少なら問題ありませんが、お米やパンなど主食の減らし過ぎによる体重減少の場合は、ペースが速すぎるかもしれません。できるだけゆっくり体重を減らしていくことを意識してみてください。

体型をつくるのは毎日の習慣

意志が弱いから痩せないのか

「ダイエットで大切なのは、強い意志やモチベーションだ」

「私は意志が弱いからダイエットに失敗した」

多くの人がダイエットに対してこんなイメージを抱いているのではないでしょうか？

確かに、世の中には、意志の力によって短期間で減量を成功させている人がいます。おそらくそういう人はアスリートや俳優など、特殊な環境にいるケースが多いでしょう。しかし、彼らもその体型をずっとキープしているわけではありません。試合や撮影が終わればリバウンドする前提での短期決戦であり、また、プロとして仕事でやっているからこそ、強い意志での減量を成功させているのです。ですから、一般の人がモチベーションに頼ってダイエットを頑張りつづけること自体が不可能に近いことです。

もし、あなたがこれまでのダイエットの失敗を「意志が弱いから」と思っているのであれば、それは間違いです。それに、もし意志が強すぎる人が不適切なダイエットを無理して続けると、健康を害するだけでなく摂食障害に陥ってしまう恐れもあります。

また近年は、ダイエット目的の遺伝子検査も広がってきています。そのため「太るのは遺伝だ」と思っている人もいるかもしれません。ですが最近の研究では、遺伝子にはそれぞれスイッチがあり、生活習慣によって発現のオン・オフが切り替わる仕組みがあることがわかっています。

遺伝子検査では、「糖質で太りやすいタイプ」や「脂質で太りやすいタイプ」などという結果を伝えてくれるものもあります。しかし、この結果を鵜呑みにして、糖質や脂質を極端に減らすのは危険な行為です。詳しくは5章で紹介しますが、糖質も脂質も摂り過ぎだけでなく、減らし過ぎも体調不良やリバウンドの原因になってしまいます。

また、遺伝子検査の結果から「あなたには〇〇のサプリがおすすめ」などと紹介されることもあります。もちろん、そのサプリを飲むだけで痩せることはないので、「遺伝子検査ビジネス」といったものにも気をつける必要があります。


遺伝子以上に大きな影響を身体にもたらすのが習慣です。

あなたが今太っていることは、あなたの意志の弱さや遺伝が大きな要因ではありません。生活習慣や環境の積み重ねによる結果です。

実際私も、１０００人あまりの方の食事を見てきましたが、多くの方が習慣や環境を変えていくことで痩せていきます。もちろん遺伝や意志の強さの影響がゼロとはいいませんが、体型をつくるのはほぼ習慣や環境です。

そして、**習慣や環境は自力で変えていくことができる**のです。

その習慣が肥満体型をつくる

ダイエットの習慣を整えていく前に、ダイエットはつらいもの、短期集中でするもの、という概念を、**「ダイエットは長期的に行うもの。習慣を変えることがダイエット」**という考え方に置き換えていただきたいと思います。

ダイエットで最も大切なのは習慣ですが、食事や栄養に関する知識や、痩せたいという意欲などもあるに越したことはありません。

しかし、栄養や運動に関する詳しい知識はないのに痩せ体型をキープしている人、「太りたいのに太れない」という人――あなたの周りにこんな人たちがいるはずです。そしてその人たちは、ほぼもれなく太らない生活習慣を好み、実践しています。

あなたの周りのスリムな人をよく観察してみてください。どんなメニューを頼むのか、どんな食生活を好むのかを見てみましょう。たとえば、一緒にハンバーガー屋に行った場合、あなたがハンバーガーのお供にフライドポテトとコーラを頼むとき、スリムな人はハンバーガーのお供にサラダと野菜スープを頼んでいるなど、あなたと違うものを選択しているのではないでしょうか。

太っている人もその原因のほとんどが習慣によるものです。

テレビなどで、海外の肥満克服のドキュメンタリーを見かけますが、彼らはジャンクフードを大量に食べ、体が重いため一日の大半は座っているか、寝姿勢で過ごしています。

このように、メディアで取り上げられるような人は極端なケースですが、ダイエットが必要な人の大半は、太る習慣が身についています。一卵性双生児の研究で、遺伝情報が寿命に関与するのは25％程度という調査結果もあります。

たとえば、菓子パンやカップ麺のような超加工食品を日常的に食べていたり、休日は家でゴロゴロするか、車で出かけるのが定番だったり……。本人はそれが日常なので気づいていませんが、このようなライフスタイルでは、太るのは当然です。

よく、若いころは運動もしていてスリムだったのに、社会人になった途端太り始めたという人がいますが、それも運動による消費カロリーが減り、お酒などにより摂取カロリーが増える生活に変わってしまったためです。年齢による代謝量の変化はもちろんありますが、若いから痩せていて、歳をとるから太る、というわけではありません。環境の変化とともに太る習慣へと自然とスイッチしてしまっただけなのです。

マザー・テレサは「思考に気をつけなさい、それはいつか言葉になるから。言葉に気をつけなさい、それはいつか行動になるから。行動に気をつけなさい、それはいつか習慣になるから。習慣に気をつけなさい、それはいつか性格になるから。性格に気をつけなさい、それはいつか運命になるから」という言葉を残しています。また、元メジャーリーガーの松井秀喜さんも好きな言葉として「心が変われば行動が変わる、行動が変われば習慣が変わる、習慣が変われば人格が変わる、人格が変われば運命が変わる」という言葉をあげています。

偉人たちが語るように、**習慣は体型を変えるだけでなく、運命や人生をも変える力を持っている**のです。

一生続けられるのが本当のダイエット

「本質は細部に現れる」という言葉がありますが、ダイエットにおいても同じことがいえます。**体型は日々の食事や生活習慣、運動量などの積み重ねによってもたらされる姿です。**

ダイエットを決意し、パーソナルトレーニングジムに通い食事制限とトレーニングを頑張れば、２ヶ月間だけでも体型はそれなりに変わります。しかし、ジムをやめて元の生活に戻れば、当然体は元に戻ってしまいます。

そもそも、ダイエットの語源はギリシャ語のdiataで、意味は「生き方」や「生活様式」です。しかし日本ではたいてい、痩身や減量という意味だけで使われているため、体重の数値しか見ない過激なダイエット方法が出回っています。本来の意味を辿れば、ダイエットとは無理なく生活を改善していくことです。それはつまり、習慣化にほかなりません。

何度も言いますが、この本でお伝えしたいのは短期決戦のダイエットではありません。

一生続けていくことのできるダイエット――それは、習慣を変えていくことです。その結果としてスリムで健康な身体が手に入ります。

この本では、私が実際にダイエット指導を通じて、再現性が高いと感じた方法を紹介していきます。ひとつひとつは「そんなことか」と思うかもしれません。しかし「そんなこと」の積み重ねが未来の身体をつくっていきます。

日々の変化は小さいかもしれませんが、続けていくことで数ヶ月後、数年後の体型や体調に大きな変化が見られるはずです。根拠となる理屈を知ったうえで実践すると習慣化しやすくなるので、くり返し細かく説明していきたいと思います。

習慣を変えるダイエットには、毎日が楽しくなったりポジティブに物事をとらえられるようになるなど、痩せる以外の効果もあるのです。

02

ダイエットは習慣が９割

誰でも習慣化できる４つのステップ

新しい習慣を身につけるために

ダイエットでは、これまで何十年と身につけてきた習慣を見直し、新たな習慣へと変えていくことが必要なわけですが、なかなか難しいのも事実です。そこで、この章では習慣を身につけていくための術をお伝えします。

私たちが身につけている習慣のひとつに歯磨きがあります。

お子さんがいる方は、歯磨きの習慣化を思い出していただければと思いますが、最初は嫌がっていた子どもも、褒められる経験や歯を磨いた後の心地よさなどを経て、歯磨きをすることが習慣になっていくはずです。また、歯を磨かないことで感じる不快感や、虫歯になって嫌な思いをすることも習慣化に導くための要因といえるでしょう。

このように、習慣とは行動をくり返すことで定着していくものです。とはいえ、ただやみくもに行動をくり返せばいいというわけでもありません。

私がダイエット指導の経験を通して辿り着いたのが、

ステップ１　目標設定
↓
ステップ２　現状認識
↓
ステップ３　行動と記録
↓
ステップ４　日々の修正

という４つのステップです。ひとつひとつ見ていきましょう。

【ステップ1　目標設定】

ダイエットの目標設定といえば体重ですが、体重だけを目標にするのはリバウンドや挫折の原因につながります。数値面では、体重だけでなく体脂肪率やウエストサイズなどもしっかりと把握しましょう。そして何より大切なのは、「何のためにダイエットをするのか?」という目的意識と、「理想の体型像」です。理想の体型についてイメージが湧かない人は、有名人の体型を目標とするのもいいですね。

【ステップ2　現状認識】

心理学者のカール・ユングの言葉に「無意識を意識しない限り、それはあなたの人生を支配し、あなたはそれを運命と呼ぶだろう」という一文があります。

習慣を変えるにはまず、いま無意識に行っている習慣を認識することから始める必要があります。よくある例は、デスクワーク中の間食や飲酒時のおつまみです。「口寂しいから」「なんとなく」で口にしているものが実に多いのです。食生活の無意識を知るには、ノートやスマホのメモ帳などへの書き出しで認識しましょう。

【ステップ3　行動と記録】

目標に向けて、新たな行動を始めたら記録を残します。手書きのメモ帳やスマホのメモ帳のほか、ダイエットアプリなどのツールを活用するのもおすすめです。記録を残す、つまりレコーディングをすると、痩せていたころの食事や生活習慣と比較することができるので、太ってしまった原因を知ることもできるようになります。

【ステップ4　日々の修正】

立てた目標に無理がないか、ライフスタイルに根ざした目標になっているか……。定期的に行動や結果をチェックすることで、目標や行動を修正する必要があるかどうかがわかってきます。

この４つのステップは、業務管理におけるＰＤＣＡサイクルと似ているので、なじみのある方もいるのではないでしょうか。日々修正をくり返すことで、習慣が定着しやすくなり、理想の体型に近づいていきます。

ダイエット習慣は続ければ続けるほど効果的

習慣が身につくまでには、どれくらいの期間が必要でしょうか。***Europeak Journal of Social Psychology***に掲載された研究によると、行動が習慣になるまでの平均日数は66日だといわれています。

また、習慣化コンサルタントの古川武士さんは、物事によって習慣化されるまでの期間を、1ヶ月、3ヶ月、6ヶ月の3つに分類しています。

1ヶ月で習慣が身につくのは、学習や日記、読書、片付けなどの「行動に関わる習慣」で、3ヶ月かかるのが、ランニングや筋トレ、早起き、禁煙など「身体リズムに関わる習慣」だそうです。ダイエットも身体リズムにまつわることなので、この3ヶ月という期間に入りますね。

ちなみに6ヶ月を要するのは、ポジティブ思考や論理的思考の獲得、完璧主義の脱却など「思考にまつわる習慣」だそうです。実はこの「思考の変容」もダイエットには欠かせません。つまり、**ダイエットは最低でも6ヶ月、さらに1年、2年と長く継続すればす**

るほど、習慣化していくということです。

2～3ヶ月間で行われる短期集中のダイエットプログラム後にリバウンドする人が多いことからも、思考を変容させる大切さがわかります。特にこの本は「習慣を変えることがダイエット」と、これまでのダイエットに対するイメージをとらえ直す大切さをお伝えしています。ダイエットに対するネガティブイメージを変容させてこそ、この先の章でお伝えする食べ方や行動が習慣として定着していきます。

「ダイエットはつらい。だからこそ短期集中で行うもの」――まずはこの思考を改めて、最低でも6ヶ月は続けてみませんか？　それくらいの長期的な視点でこの本を読み進めてください。さらに1年、2年、5年、10年と長く継続すればするほど、ダイエットが習慣となり、リバウンドしにくい体が手に入ります。

習慣化するための継続のコツ

緩やかに変化させる

習慣化するには、時間がかかります。そのために大切なのが続けることです。とはいえ、「続ける」ということは難しいですよね。継続することにもコツがあるので、ここで紹介します。

1章でも触れましたが、人間には一定の状態を保とうとするホメオスタシス機能が備わっています。この機能は人間の生存機能でもあるので、急激な変化を嫌います。そのため体が急激に変化するほど、ホメオスタシスが強く働くことがわかっています。

つまり、日々の行動を急激に変化させるほど継続できずリバウンドしやすくなるので、ダイエットは緩やかに変化させることが大切です。しかし、多くの人が「今日から甘いものは禁止する！」「毎朝ランニングを1時間する！」「1ヶ月で5キロ痩せる！」など、急激な変化を伴う目標を立てがちです。スタートダッシュを切るような目標設定が、ホメオスタシスによる引き戻しを助長させてしまうということですね。これは小学校のマラソン大会などのときにいた「スタートダッシュしてトップになり目立つけど、すぐ脱落していく人」と同じようなものです。

では、先にあげた目標をどう変えればいいいか、一緒に考えてみましょう。

「今日から甘いものは禁止する！」⇩「毎日食べていた甘いものを2日に1回にする」
「毎朝ランニングを1時間する！」⇩「2日に1回10分だけランニング。雨の日は休む」
「1ヶ月で5キロ痩せる！」⇩「1年で5キロ痩せる」

というように、目標を変えるのがいいですね。

緩やかに変化させる方法は、ダイエット以外にも効果的です。私の知人は早起き習慣を身につけるため、毎日1分ずつ目覚まし時計のセット時刻を早めることをくり返しました。

さらに、clubhouseでの配信も習慣にし、8時だった起床時間を5時台へと変化させていきました。また私も高校生のころ、1日1回ずつ腕立て伏せの回数を増やしていったことがあります。そのおかげで「筋肉番付」という番組の腕立て伏せ全国大会で、105回の記録を残し準優勝することができました。

緩やかに変化させる利点は、つらくならないので続けやすいということです。その積み重ねが大きな結果につながります。

楽しみを見いだす

ダイエットといえばつらいもの、苦しいものというネガティブイメージを抱いている人が大半だと思います。しかしそれは、無理なダイエット方法を採用しているからにほかなりません。極端な食事制限や運動を無理に頑張ってきた方は、これまでを振り返ってみれば明らかですよね。

ダイエットは本来、適切に行えば、無理なく理想の体型に近づいていき、体調も良くなるので楽しいものです。そして、楽しいからうまくいく、うまくいくから楽しい――そんな循環ができ上がっていきます。

運動が苦手な人であれば、ランニングよりもウォーキング、忙しい人であればウォーキングよりも通勤の際に駅で階段を使うことをおすすめします。ファーストステップはより楽しいほう、ラクなほう、長く継続できそうなほうを選ぶことが大切です。すると、しだいに身体を動かすことがラクになり、「散歩してみようかな」「ウォーキングしてみようかな」「ランニング、筋トレにチャレンジしてみようかな」とステップアップしていけるのです。

子どものころの夏休みのラジオ体操を思い出してください。参加するたびにスタンプが増えていくのが楽しくて、早起きができた人もいるのではないでしょうか？　ダイエットを始めたばかりのときは、１日の食事や行動目標が達成できたらチェック表にスタンプやシールを貼るのもいいかもしれません。

楽しみを見いだすことは継続だけでなく、行動を変えるきっかけとしても活用できます。スウェーデンの社会実験で、駅の階段を昇り降りすると音が鳴る鍵盤に改造したところ、階段を使う人が66％増えたそうです。ぜひ、ダイエットが楽しみになるような仕掛けを考えてみてください。

また、「体調や体型の変化」にも意識を向けると、楽しみを見いだしやすくなります。体重はあまり変わっていなくても「最近なんとなく体調が良い」という気づきがあると継続しやすくなり、いずれ体重も落ちてきます。しかし体調の変化に意識を向けず、体重が減らないことだけに焦点をあてていると、楽しみを見いだせず継続が難しくなってしまいます。

周りの人を巻き込む

一般的なジムよりも、パーソナルジムに通う人のほうがダイエットの成功率が高いのはなぜか知っていますか？　それは、トレーナーに毎日の食事を報告するシステムがあるからです。先ほど紹介した早起きの習慣化に成功した知人の話も同じですが、人を巻き込むと、一人で取り組むよりも継続率が高くなります。

従来のジムでも、顔見知りの人が増えると継続しやすくなりますし、さらに仲良くなると筋トレの正しいやり方を教えてもらえることもあるかもしれませんね。

ほかにも、周囲に「ダイエットを始める！」と宣言するのもいいですし、家族や友人を巻き込んで日々の食事や運動などを報告し合ったりすれば､継続率は高まります。そして、仲間同士で「目標達成したらおいしいものをみんなで食べにいく」など、楽しみとなる目標を掲げるのもいいですね。

また、「みんチャレ」という習慣化のための仲間づくりアプリや、ＬＩＮＥのオープンチャットなど、オンラインツールを使うのもおすすめです。しかし、私が実際に試してみたところ、健康を害する恐れが高い、不適切な食事制限をみんなで頑張るという危険なグループがいくつも見受けられました。もしこのようなツールを利用する場合は、健康を最優先にしていて緩やかな減量を目指すグループを選ぶようにしましょう。

私も「ダイエットは習慣が9割」というＬＩＮＥのオープンチャットグループを作りましたので、ぜひ参加してみてください。

仕組みに頼る

「ダイエットするぞ！」と強い意志のもとでスタートしたダイエットは、始めはいいのですが、長くは続きません。

目指したいのは、習慣化されたダイエットです。

まずは、**すでに習慣になっていることとダイエットをくっつけてしまいましょう**。たとえば、「毎日ストレッチをする」よりも「毎日、入浴後にストレッチをする」や、「毎日、体重を測る」よりも「起床後、お手洗いに行った後に体重を測る」など、既存の習慣に付け足すと定着されやすくなります。

生活が不規則になりやすい方は、スマホのＴｏＤｏリストやカレンダーの通知機能などを利用するのもおすすめです。寝る数時間前には入浴を促すようにアラームをセットしたり、デスクワークが1日の大半を占める方は、30分～1時間ごとに立ち上がったり、ストレッチを促すようアラーム通知するのもいいですね。

先にお金を払い、ダイエットをやらざるを得ない状況に追い込むのもひとつの手段です。高額なパーソナルトレーニングなどはその典型ですし、新しいランニングシューズやウェア、運動器具を買うのもいいでしょう。食事面では、「野菜を毎日食べるのが大切なのはわかるけど、続けるのは大変」という声も多いですが、野菜の定期配送や冷凍弁当の宅配サービスを取り入れることで「もったいない」という意識も働いて、野菜の摂取不足を解消できます。

似たような方法に「if thenプランニング」という、習慣化の帝王と呼ばれる方法があります。「もし（if）○○をしたら、そのとき（then）は××する」というように、きっかけと行動をセットにするやり方です。「食事をしたら歯を磨く」というのは、多くの人がこの方法で自然と身につけた習慣でしょう。

ダイエットの場合は、「ひと口食べたら箸を置く」とすれば、噛む回数が増えて食べ過ぎや早食いの防止につながります。ほかにも「エスカレーターと階段があったら、階段を選ぶ」「○時になったら夕食の支度をする」なども運動習慣や食生活を整えるためには有効ですね。

良い習慣を身につけるには、手間がかからずアクションできる仕組みや、パッと見たときに行動できる工夫をするのがおすすめです。たとえば、朝起きて運動をしたいのなら、ウェアを寝室に置いておくと行動につながりやすくなります。また、箸置きや新しい箸などを取り入れると、ひと口ごとに箸を置く意識が働き、よく噛む習慣が身についていきます。

悪習慣を断つ方法

反対に、悪習慣を断つためには何をしたらいいのでしょうか？

ダイエットをしたいと食事指導を受けにこられるクライアントの多くは、食生活が乱れています。これまで私が指導してきた方のなかでは、男性は野菜不足やカロリー過多の人が多いですし、女性は甘いものがやめられないという人が多いです。このような**悪習慣を断つには、行動に手間がかかるように工夫するのがおすすめです。**

たとえば、お菓子を食べ過ぎてしまう人は、買い置きをせず、食べたくなったら買いに行くようにしましょう。もし買い置きをするのであれば、ナッツやフルーツ、豆乳、プロテインバーなどの代替品にしてみるのもいいですね。

家族がお菓子を買い置きしているのであれば、棚の中にしまうなど、手軽には取れない場所や目の届きにくい場所に置くようにしてみてください。というのも、視覚と行動は密接に関係しているからです。

空腹時の買い物は通常時よりも64%の買いすぎにつながる、という研究結果もあります。目に留まる場所にお菓子を置かないことはもちろん、コンビニやスーパーに行く際には、空腹状態で行かない、仕事帰りはコンビニの前を通らないルートを選ぶなど、工夫してみてください。

また、前項で紹介した「if thenプランニング」は、悪習慣を断つためにも活用することができます。「お菓子を食べる量を減らす」という目標の場合は、「お菓子を食べたくなったら水を飲む、果物を食べる」などと設定することができます。コツは、どんなことがきっかけで悪習慣につながるのかを把握し、ルールを設定することです。

太ってしまう理由は、悪習慣の積み重ねによる部分が多くありますから、ぜひ、あなたを太らせる原因になっている、やめたい習慣について考えてみてください。

① やめたい習慣は何でしょう？

② それぞれの悪習慣が発生するきっかけは？

③ 悪習慣断ちのアイデアは？

完璧主義を手放そう

モチベーションに頼るダイエットと同じくらい手放していただきたいのが、完璧主義です。 完璧主義の人は物事を「0か100か」「白か黒か」などと極端に考えがちですが、ダイエットにおいては、たいていがデメリットになってしまいます。

多くの人が、掲げた目標とは裏腹にお菓子を食べてしまったり、暴飲暴食をしてしまったりするものです。完璧主義の人は、これが引き金となって「やっぱり今回もダメだった」とダイエットをあきらめてしまいがちです。

ですが、このとき**どう気持ちを切り替えていくかが大きな分かれ道です！**

食べてしまった、運動しなかった、痩せるどころか太ってしまった……。そんなふうに自分を責めることが起きたとき、思い出してください。「本当はどうしたいのか？　ここからどうしていきたいのか？」と。

理想の体型になりたい、健康的な身体になりたい、スーツをカッコよく着こなしたい！

——そんな望みが出てくるはずです。どんなに食べてしまっても、あなたがなりたい身体をイメージして、そこから切り替えればよいだけです。

仕事をしていれば、付き合いで飲み会に行くこともあるでしょう。忙しい日々が続けば、レトルト食品やファストフードに走ってしまう日もあるはずです。ですが、食べてしまったものは仕方ありません。今から軌道修正していけばいいだけのことです。

今日からはお土産でお菓子をもらったり、避けられない飲み会があったりしたときを後付けで「チートデイ」ととらえましょう。そうすると罪悪感を持たずに食べられるようになって、ストレスも溜まりません。

ちなみに、チートデイは何を食べてもよい、どれだけ食べてもよいというダイエット中のご褒美デイとして浸透していますが、間違いです。

ダイエットをして摂取エネルギーが少ない状態が続くと、脳が飢餓状態になっていると判断して代謝が落ちます。それまで順調だった体重減少が止まり、いわゆる停滞期と呼ばれる状態になることもあります。この状態を打破するため、一時的にたくさん食べることで「今は飢餓状態ではない」と脳をだまします。これによって代謝を正常に戻し、更なる体重減少を目指す——これがチートデイを作るとよい、というロジックです。

ですが、そもそも私は、「チートデイを作る」という考え方には反対です。ご褒美を設ける必要があるほどストレスを蓄積する過酷なダイエットは、アスリートなど特殊な職業でない限りする必要はありません。完璧にしすぎること自体が挫折の原因になるのです。

ダイエットは短期決戦ではなく一生続く生活習慣なので、ミスが1つもない100点満点の日々をずっと続ける必要はありません。一週間の平均で60〜70点もあれば上出来です。そして完璧主義であることも、一瞬で手放そうとする必要はありません。習慣の変化と同じように、無理せず少しずつ変えていくことを目指しましょう。

03

リバウンドせず健康的に痩せるための目標設定

体重をダイエットの目標にしてはいけない

目的のないダイエットは失敗のもと

「今年こそ痩せるぞ！」という意気込みを掲げるAさん。

「半年後の結婚式のために5キロ痩せるぞ！」と、目的を掲げるBさん。

このようなふたりがダイエットを同時期にスタートした場合、成功率が高くなるのはBさんです。多くの人がそう思うことでしょう。

おそらくAさんのように、毎年、新年の目標としてダイエットを掲げている方は多いのではないでしょうか？　しかし、ダイエットは、目的が明確であればあるほどうまくいくものです。さらに、Bさんのように期限や具体的な目標があれば、よりダイエットの成功率は高まります。

実際、私がこれまで指導してきたクライアントでもダイエットの成功率が非常に高かったのは、Bさんのような明確な目的をもってスタートした方々です。イベントごと以外にも､医師から「痩せないと死にますよ」と警告を受けた方も、強い目的意識によりダイエットの成功率が高かった記憶があります。これと同じように、パーソナルジムに入会することも、「高いお金を支払う」という覚悟があるため、高い成功率につながると感じます。

では、ここで質問です。

あなたは、何のためにダイエットをするのですか？

――即答できた方はどれくらいいるでしょうか。明確な目的が思いつかない人も心配ありません。まずは難しく考えず、痩せたい理由を想像してみましょう。よく掲げられる目的をあげてみます。

- 健康のため、長生きするため
- かっこいいパパ、キレイなママになりたい
- 若々しいおじいさん、おばあさんでいたい
- 海外旅行に行くため

・ビーチに行くため、水着になるため
・恋愛、婚活のため
・ファッションを楽しむため
・人前に出る予定があるため

いかがでしょうか？　目的は変わっていっても構いません。**まずは何のために痩せたいのか、なぜ痩せる必要があるのか――そこを明確にすることがダイエット成功への第一歩です。**

体重よりも見た目の体型を目標に

ダイエットの目的を明らかにした後、ぜひ考えていただきたいのが目標です。

多くの人が「夏までにマイナス5キロ！」「体重を60キロ台にする！」などの体重の減少を掲げるのですが、実はこれが落とし穴です。

体重の数値だけを目標にしたダイエットは、失敗を招きやすいのです。

そもそも、短期的な体重の変動は、ほとんどが水分の増減によるものです。前日より1キロ体重が減ったけれど、翌日には1キロ体重が増えた——などはよくある現象ですし、体重は一定のペースで減りつづけることはありません。

日々の体重に一喜一憂することはストレスを溜め、食欲が爆発して歯止めがきかなくなり、結果、リバウンドにつながってしまうのです。


同じ身長・体重であったとしても、筋肉のつき方や体脂肪の量によって体型はまるで違って見えます。たとえば、同じ身長170センチ・体重86キロでも、筋肉量の多いボディビルダーと、特に運動をしていない人では、その体型に大きな違いがあることは想像しやすいでしょう。これは、筋肉が体脂肪に比べて密度が高く、同じ体積の筋肉と体脂肪では、筋肉のほうが重いためです。

ですから、皆が憧れるような引き締まった体型をしているモデルや俳優、アスリートなどは、実は見た目以上に体重がある場合も多いのです。

ダイエットで大切なのは、ただ単に体重を減らすことではなく「体脂肪を減らすこと」です。体重だけを目標にしていると、筋肉が落ちていても体重が減ったらダイエットが成功したと思ってしまいますが、もちろんこれは失敗です。筋肉を減らさずに体脂肪を減らすことで、引き締まった体型になっていきます。

目標として設定するのは、体重だけでは不十分です。体脂肪率や見た目の体型を、より大切な目標として設定しましょう。

ダイエットにおける目標の立て方

体重や体脂肪率の目安

体重の数値だけにとらわれないように、とお伝えしました。しかし、長期的な体重の変動はダイエットの目安になります。

私が推奨するのは**「１ヶ月で体重の１％以内の減量ペース」**です。「以内」と設定するのは、達成できないことを失敗ととらえるべきではないからです。完璧主義はダイエットを挫折させかねません。達成できなかったときは「そんなこともある」と大目に見て、また今日から始めていけばいいのです。

このことを頭に入れていただいたうえで、ここでは数値の話をしていきましょう。

多くの人が太ったり痩せたりの指標としているのが体重です。すでにお伝えしたように、日々の体重変動は水分の出入りによるものがほとんどです。そのため、体重だけではなく、体脂肪率もあわせて複合的に数字の変化を見ていくようにしてください。

とはいえ、実は家庭用の体組成計は、メーカーや機種によって異なった体脂肪率の数値が出てきます。また、体脂肪率による肥満度の判定は、大手メーカーであるタニタとオムロンでも異なるほどです。たとえば40代男性で体脂肪率が11％だったら、タニタの指標では「やせ」の評価ですが、オムロンの指標では「標準」と評価されます。同じ人が同じ条件、同じ機器で続けて測っても数値が変わることがあるので、あくまで目安として増減の傾向を見るために活用するくらいがちょうどいいでしょう。

また、肥満度を測る国際的な指標にＢＭＩがあります。

ＢＭＩは、Body Mass Index の略であり、肥満度を表す指標です。体重と身長を用いて、次のような計算式で求められます。

ＢＭＩ（kg／㎡）＝体重（ｋｇ）÷身長（ｍ）÷身長（ｍ）

たとえば、身長１６０センチ・体重60キロという人のＢＭＩを求める計算式は、次のとおりです。

60（kg）÷１・６（ｍ）÷１・６（ｍ）＝23・４（kg／㎡）

年齢によって若干の違いはありますが、30〜59歳の場合は統計上、ＢＭＩが22になるときの体重が、肥満との関連が強い糖尿病、高血圧、脂質異常症（高脂血症）に最もかかりにくい数値とされています。

ちなみに、身長160センチの人がBMI22となる体重は、次の計算式（体重はXとする）で求められます。

22＝X÷1・6÷1・6

22×1・6×1・6＝X

X＝56・32kg

統計的にはBMIが25以上だと糖尿病や高血圧など、肥満との関わりの高い症状が出やすいといわれています。

BMIと体脂肪率ごとの体型

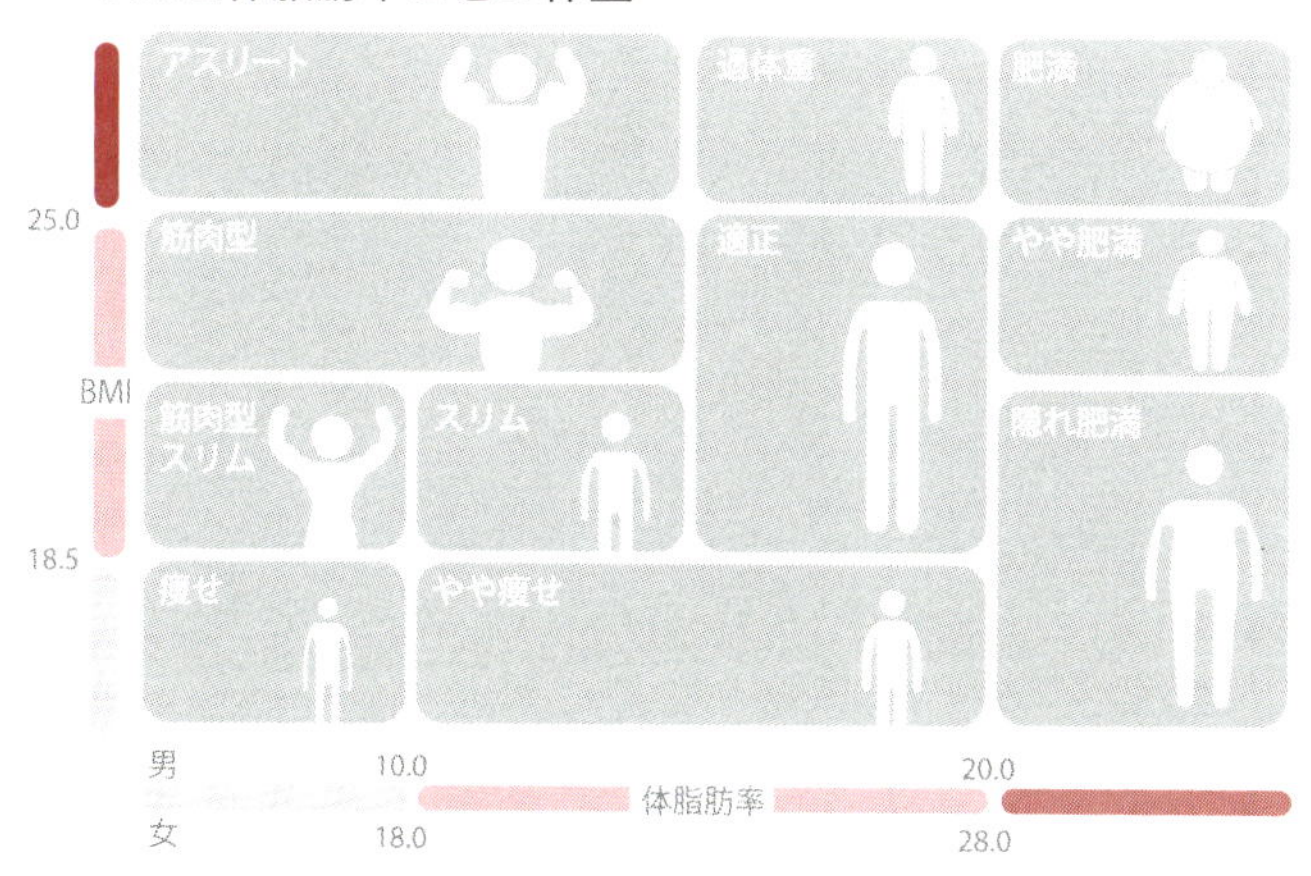

もしあなたが、体型にはこだわりがなく、健康が最大の目的なのであれば、このＢＭＩの値と体脂肪率をひとつの指標として、目標を立てるといいかもしれません。具体的には、ＢＭＩが20〜25未満、体脂肪率は男性なら20％未満、女性の場合は28％未満を目指すといいでしょう。

1キロの体脂肪を減らすのに必要なエネルギー

健康的に痩せるためには、体脂肪を減らすことが大切ですが、体脂肪を1キロ減らすにはどれだけの消費カロリーが必要かご存じですか？

答えは、約７２００キロカロリーです。

1キロの体脂肪を1ヶ月で減らすには、７２００キロカロリー÷30日＝２４０キロカロリーなので、1日当たり２４０キロカロリーを余分に消費する必要があります。２４０キロカロリーというと、白米お茶碗1膳分（１５０グラム）、どら焼き1個、発泡酒５００ミリリットル缶1本などが当てはまります。また、運動の場合はウォーキング1時間、ジョギング30分程度が目安です。人によっては「簡単！」と感じる方もいるかもしれませんが、運動習慣がない方や、忙しくて時間がとれない方にとっては「ぎりぎり頑張れるかな……」というラインかもしれません。

では、この半分――１ヶ月に体脂肪０・５キロを減らすと考えてみてください。３６００キロカロリー÷30日となり、１日あたり１２０キロカロリーほどです。私が推奨する減量のペースはこれくらいです。このように考えると、「ダイエット＝つらいもの」というイメージが払拭できるのではないでしょうか。

習慣を変えることも目標に

ダイエットの成功とは、ただ痩せることだけでなく、痩せた後も体型を維持できる生活習慣を手に入れることです。

ですから、目標設定には、生活習慣を変えることも入れておきましょう。

早食いの人は、よく噛んでゆっくり食べる習慣を身につけたり、夜遅く食べるのが日常の人は、寝る3～4時間前に夕食を済ませるようにしたりするだけで、無理なく体重は落ちるものです。デスクワークの人は、エスカレーターやエレベーターではなく、階段を使う頻度を増やすことを目標としてもいいでしょう。

痩せるために足りない生活習慣は人それぞれですが、巻末に日々の習慣にしたいベースとなる項目をリスト化したので、ぜひ活用してみてください。この本に書かれていることを網羅するに越したことはありませんが、一度にすべてを変えようとするのではなく、できるところから少しずつ始めてください。

すでにお伝えしているとおり、習慣は緩やかに変えることが定着させるコツです。**身につけたい習慣が明確になったら、そのために毎日やる小さな行動目標を立てましょう。**たとえば運動をまったくしていない人が運動の習慣を身につけたいのなら、1日1分以上歩く、スクワットを1回以上やる、腕立て伏せを1回以上やる、というように簡単なものがよいです。簡単な行動であるほど成功率が高く、長続きして習慣化されやすくなります。

ポイントは「～以上」という点です。脳科学的に見ると、やる気スイッチというのは行動をスタートすることでオンになります。1分歩くつもりで足を踏み出せば自然と5分、10分歩くことになりますし、1回スクワットをすれば案外2～3回と続いていくものです。もちろん忙しいときや疲れているときは、1分や1回だけで終了しても構いません。逆に、時間や体力に余裕があるときは、自己記録の更新を目指してみるのもおすすめです。

長期的な目標設定も大切

定期的に達成度合いを振り返りながら、目標を見直すことも大切です。

というのも、結婚式などイベントごとを理由にダイエットを始めた方に多いのが、達成した後のリバウンドです。その原因のひとつに、イベントが終わった後の目標が設定されていないということがあります。ダイエットは長期スパンで取り組むものです。1週間ごと、1ヶ月ごとなど、ご自身のペースで振り返りを行い、目標の修正をしていきましょう。

また、私がおすすめしたいのは、10年先、20年先の長期的な目標（①）、半年～1年くらいの中期的な目標（②）、日々のダイエット習慣を身につけるための小さな行動目標（③）を設定することです。

① 長期的な目標
・いつまでも旅行を楽しみたい
・今の趣味を80代、90代になっても楽しみたい
・いくつになってもスポーツをしたり挑戦しつづけたい　など

② 中期的な目標
・ホノルルマラソンに挑戦する
・沖縄や海外のきれいなビーチに行く
・家族で記念に写真を撮る（毎年撮影するのもおすすめです）　などのイベント

③ 小さな行動目標

・ひと口食べるごとに箸やスプーンを置く
・入浴前にスクワットを1回する　など、習慣化したい行動

私は、世界一周の船旅に参加したことがあるのですが、そこには70代、80代の参加者がたくさんいらっしゃいました。年齢を重ねても旅行を楽しめるのは、健康があってこそです。1~2ヶ月の短期的な視点だけではなく、この先の健康を考えて気長に、気楽にダイエットに取り組むための目標もぜひ考えてみてください。

ここで、次のページの「健康的なダイエット・目標設定ワークシート」を利用して、ダイエットの目的、目標、理想の体型、実現したら何をしたいか、などを具体的に書いてみましょう。何のために痩せたいのか、なぜ痩せる必要があるのかを明確にし、さらに目標を達成した自分をイメージすることができると、一気にダイエットが成功に近づきます。ダイエットの途中で目的や目標が変わっても構いませんので、まずは今の自分に問いかけて、言葉にしていきましょう。

健康的なダイエット・目標設定ワークシート

Q. ダイエットの目的は何ですか？

Q. どうしてその目的を達成したいのですか？

Q. どのような体型になりたいですか？

Q. 理想的な体型の有名人は誰ですか？

Q. 理想の体型になったら何をしたいですか？

Q. 理想の体型になったらどんな感情になっていると思いますか？

Q. １年後、10年後、痩せてどんなことをしていたいですか？

04

痩せる食事習慣「どのように食べるか」

手軽で最も効果的なダイエット① レコーディング

巷にはさまざまなダイエット方法があふれていますが、これまでの指導経験から万人に有効な方法をあえてあげるのなら、「レコーディング」と「よく噛むこと」のふたつです。

というのも、どちらもお金をかけずに誰でもすぐに取り組めますし、無理なく自然と食事量が減る効果があり、栄養バランスが良くなることにつながるからです。

食べたもの・飲んだものを記録する

突然ですが、質問です。

昨日食べたものをすべて覚えていますか？

この質問に即座に答えられた方は、どれだけいるでしょうか？「食べてないのに太っちゃう……」こんな悩みを抱えている人の多くが、覚えていないだけで実は食べているものです。

そこで、ダイエットに取り組むみなさんにまず実践してほしいのが、食事の記録（レコーディング）です。毎日何を食べたかを記録することで、太る原因を見極め、ダイエットの成功率が上がります。

必ず記録してほしいのは、「①飲んだり食べたりしたものすべて、②体重、③体脂肪率」の３項目です。毎日記録することで、どんな食事をすると体重や体脂肪率が増減するのかがわかってくるようになります。さらにどんな食材が不足しがちかなど、自分の食生活の傾向がわかってきます。私が現在行っている食事指導も、このレコーディングが基本です。

そして、食事記録などとあわせて体調の変化も記録するとよいでしょう。

ダイエットを始めたころは、どうしても体重や体脂肪率などの数値の変化に敏感になりやすいものです。しかし体脂肪量は、短期間で急激に変わるものではありません。体重の変化を気にし過ぎると、体重が思うように減らないことでストレスを抱えて痩せにくくなってしまうという、非常にもったいない事態になりかねません。体調の変化に注目し、体調がよくなる生活に改善していくと、たいていは遅れて体重が減っていきます。

食事記録ノートを1冊作り、それに朝・昼・晩・間食と体重、体脂肪を記録してもいいですね。最近は、食事や体重を記録できるアプリが出回っているので、活用してみるのもおすすめです。代表的なものには、「あすけん」「カロミル」「カロママ プラス」「MyFitnessPal」などがあります。体重記録アプリは、「シンプルダイエット」「SmartDiet」「ハミング」「朝はかるだけダイエット」などがおすすめです。どれも無料で利用できるので、ご自身が使いやすいものを探してみてください。食事記録アプリのなかには、「〇〇が足りない」と不足しがちな栄養素を教えてくれるものもありますが、アプリのアドバイスは参考程度にとらえましょう。食事の知識は5章をしっかり読み込んでいただければ十分です。

体重と体脂肪率はどう測るか

体重と体脂肪率は、毎日同じ条件で測ることが大切です。

基本は**起床後、お手洗いに行った後のタイミングで測るのがいいでしょう**。朝起きたてのタイミングは、前の食事から時間が経っているため、体重変動のばらつきが一番少ない時間帯だからです。反対に、食事や運動、入浴の前後は、体内の水分量が変わるため、体重も変わりやすい時間帯です。起床後、水を飲んだり朝ごはんを食べたりする前に測ることを習慣にしましょう。

体重は、1日のなかで1~2キロ変動することもあります。これは水分の出入りによるものです。体内の水分は、糖分や塩分に付随して出入りします。つまり食事をすれば塩分や糖質とともに水分が増えるのは当然ですし、サウナや運動で発汗したときに体重が大幅に減るのも同じ原理です。

私もかつてアームレスリング（体重別の競技）の選手だったころは、計量直前は汗をかいて体重を減らしていました。「汗をかくと痩せる」と思っている人がいますが、体脂肪はほとんど減らず水分が抜けただけの話です。ちなみに計量から数時間後には、3キロほど増えていました。

このように、体重が短期間で増減したからといって痩せた、太ったとはいえません。何度も言いますが、体重の増減ばかり気にすると、ストレスが溜まって痩せにくくなります。数値を記録するとともにグラフ化して管理し、長期的な視点でチェックするのがおすすめです。特に、女性は月経周期によって体内に水分を溜め込みやすい時期があるため、1ヶ月以上の単位で長期的に見る必要があります。

最近は、専用アプリと連動して体重や体脂肪率をグラフ化してくれる体組成計も多く出回っています。簡単に記録できるため、継続しやすいでしょう。これから体重計の購入を考えている人は、こういったものを選ぶのもよいですね。

また、定期的に全身写真を撮ったり、ウエストなどのサイズを測ったりしておくといいでしょう。なぜなら、体重や体脂肪率などの数値が変わらなくても、ウエストや体型に変化が現れることも多いからです。

ウエストを測るときには、おへその高さで床と平行になるよう、毎回同じ条件で測りましょう。SNSのダイエットアカウントで見かけるような全身写真を撮影しておくのもいいでしょう。ダイエット開始前の体型を記録しておくことで、見た目の変化がわかりやすくなりますし、少し荒療治ですが、ダイエット当初の体型を見ることは、リバウンド予防にもつながります。

手軽で最も効果的なダイエット②よく噛むこと

早食いは肥満のもと

岡山大学が２０１０年に、肥満ではない１３１４人を対象に３年後の体型変化を調査したところ、３年間で肥満になった人のなかで早食い群の人は６・２％で、早食いでない群の人は１・４％でした。肥満に影響を与える要因はさまざまですが、「脂っこいものをよく食べる」「お腹いっぱいになるまで食べる」「食事が不規則」など全12項目の習慣のなかでも「早食い」が飛び抜けて高かったそうです。

早食いで太る最大の理由は、食べる量が多くなることだと考えられます。

そもそも、満腹中枢は血糖値の上昇によって刺激を受け、食欲を抑える指令を出します。満腹中枢が刺激を感じ始めるのは食事開始から15〜20分後なので、**食事はできるだけ15分以上かけるようにしましょう。**

そして、早食いを防ぐために効果的なのが、よく噛むことです。**よく噛んで食べる習慣**

が身につくと、満腹まで食べず腹八分ほどで済むようになります。

お菓子や好物を我慢して食事量を減らすのと違って、無理なく自然に減るのがポイントです。そのためストレスも溜まらず、反動によるリバウンドの恐れもありません。

食事指導の現場でも、よく噛むことを意識しただけで「いつもの食事量なのに途中でお腹いっぱいになった」「始めのサラダだけで満腹感が得られるようになった」「いつもは2個食べるおにぎりが1個で満足できた」「食後のデザートを欲しいと思わなくなった」などの感想をよくいただきます。

よく噛むと消費エネルギーがアップする

早稲田大学スポーツ科学学術院と国立研究開発法人医薬基盤・健康・栄養研究所の研究グループが2021年に発表した研究では、固形物だけでなく、液状のドリンクも噛むことで、食後のエネルギー消費量が増えることが明らかになりました。

早食いが体重増加をもたらす要因は、過食のほかにＤＩＴ(Diet Induced Thermogenesis：

食事誘発性熱産生）の低下が関与すると考えられています。ＤＩＴとは、食事をした後、安静にしていても代謝量が増加することをいいます。１日のエネルギー消費量の約10％はＤＩＴによるもので、食事をした後に体が温かくなるのもＤＩＴの影響です。

では、具体的に何回噛めばいいのでしょうか？　よく「一口ごとに30回噛みましょう」といわれていますが、一律に30回というのは不適切です。なぜなら、ひと口の量や食材によって必要な回数は変わってくるからです。

私が推奨しているのは、回数を決めるのではなく「口に入れたものが粉々になって、もう噛めなくなるまで噛む」ということです。パンのような柔らかいものなら30回も噛めば十分でしょうし、玄米のような噛みごたえのあるものなら倍ほどの回数が必要だと思います。以前、小分けのミックスナッツが噛めなくなるまでの回数を数えたところ、１００回を超えました。回数を数えながら食べるよりも、粉々のペースト状になるまで、よく味わって食べることが大切です。

余談ですが、私も警察官時代は職業柄、早食いでした。これだけが原因ではないですが、体重は今よりも10キロほど多かったですし、警察官に肥満体が多いという調査結果もあるほどです（警察関係者で食事指導が必要な方はぜひ、ダイエットポリスまでお問い合わせください。講演会や指導など、私だからこそのお話ができると思います）。

よく噛むことで睡眠の質や健康状態も改善

よく噛んでゆっくり食べることで、消化酵素や免疫機能を高めるIgA抗体がより多く分泌されるので、腸内環境を整えたり、胃もたれを防ぐなどの効果も期待できます。特に夕食の時間が遅い人や朝に食欲がない人は、夕食をよく噛んで食べることで、睡眠中の胃腸の負担が軽減されて、睡眠の質が高くなったり、朝に食欲が出るようになる可能性があります。

よく噛むと唾液の分泌が増えるのですが、唾液には筋肉や骨の発育を促す成長ホルモンの一種であるパロチンが含まれています。大人になっても筋肉や骨は代謝しつづけるので、成長ホルモンは年齢に関係なく大切です。「よく噛んで食べるほど成長ホルモンが出て、痩せて若返る」と思えば、よく噛むことを習慣化しやすくなるかもしれないですね。ほかにも、噛むと唾液が増えるため歯周病の予防にもなります。

このように、**噛むことはダイエットだけでなく健康のためにも効果的です。**口寂しいときなど、普段からガムを噛むのもいいですね。リラックス効果や唾液の増加、余分な間食防止はもちろんですが、顎や舌を鍛えることで小顔効果も期待できます。ガムを噛むときには、左右の歯を均等に使うことと、虫歯やカロリー増加の防止のためにシュガーレスガムを選ぶこと――この2点は忘れないよう注意してくださいね。

噛む習慣を身につけるための方法

ここまでを読んで、よく噛むことの重要さを理解していただけたかと思います。しかし「これからは、よく噛んで食べるぞ！」という意識を持つだけで、すべての人が実践できるわけではありません。ここでは、噛むこと、時間をかけて食事することを習慣にするためのハウツーをお伝えします。

①箸置きや時計など新しいものを食卓に

噛む習慣を身につけるために有効なのが、箸置きの導入です。料理を口に運ぶたび、箸置きに箸を置くようにしてみてください。自然と咀嚼(そしゃく)回数が増え、食事時間が長くなるはずです。また、新しいものとセットにすると新しい習慣は身につきやすいので、箸そのものを新調してもいいですね。食卓に小さめの時計を置いて、食事時間を長めにとるよう意識するのもいいでしょう。2章で、お菓子は視界に入らない所に置きましょうと、視覚の大切さをお伝えしましたが、よく噛む習慣を身につけるためのポイントも視覚です。食事前に箸置きや時計、新しい箸などを見ると、よく噛んで食べることを思い出すようになります。

②ながら食べをやめて味に集中する

ながら食べが良くないのは、別のことに意識を集中させながら食事をするので噛まないのはもちろん、味わうことをしないからです。また、神経も休まらないため自律神経の乱れや消化不良にもつながります。

特にランチなどは、忙しいからと作業しつつデスクで……という人も多いと思いますが、20分ほど手を休めて食事に集中してみませんか？　メリハリをつけてオンとオフを切り替えるほうが、結果的に仕事のパフォーマンスアップにもつながるものです。

③小さめの食器を使う

ご飯茶碗をひと回り小さいものに変えると、食事量が減りやすくなります。

小さめのスプーンやフォークを使って食事をしてみるのもひとつの手ですね。ひと口の量が少なくなれば、自然と一回の食事で噛む回数は増え、食事時間が長くなります。

④食事中の飲み水を控えめにする

食事中に水やお茶を飲むのが習慣の方もいますが、噛む習慣が身につくまでは控えてみてはいかがでしょうか？　というのも、口の中の食べ物を水と一緒に流し込んでしまうことがあるからです。これさえやらなければ、食事中に適度に水分を摂るのは構いません。

マインドフル・イーティング

よく噛んで食事に意識を向けることは「マインドフル・イーティング」や「食べる瞑想」とも呼ばれています。グーグルやマイクロソフトなどアメリカの大手ＩＴ企業が取り入れていることから日本にも広まってきた、マインドフルネスの食事版ともいえるものです。

ここでは、その方法をお伝えします。

食事の前にまずは「いただきます」をしましょう。

言葉を発するだけでなく、動物、植物問わず食材となった命や作ってくれた人たちへの感謝の意識を込めます。感謝の念を持って食事をすることで、ながら食べや早食いの防止にもなります。

食べ物を口に入れるたびに、箸やスプーンを置きます。そしてまず、食べ物の口当たりを感じましょう。舌触りや歯応えを意識してみてください。そしてよく噛みます。目安は、口の中に入れたものがドロドロの液状になるまでです。

ただ噛むだけでなく、しっかり味わうことも大切です。そうすると素材そのものの味や、それが変化していく様子を楽しむこともできます。

これ以上は噛めない、というくらい液状になったらようやく飲み込みます。

さらに、ときどき満腹度を確認します。腹六分目～腹七分目くらいになったら、そろそろ食事を終えることを意識していきます。

「ごちそうさま」の言葉も感謝の念を込めて発することで「美味しかった」「満足した」などと食事の満足度を高めて、ダラダラと食べつづけることや食事量の増加を防ぐことにつながります。

このように、ひと口ひと口をじっくり味わってみると、普段の食事では気づかなかった微細な味わいや食感などに気づくと思います。ダイエットの習慣化は自分と向き合うことでもあります。ときにはマインドフル・イーティングを取り入れてみるのもおすすめです。

おかずファースト&カーボラスト

食事の際、野菜から食べ始めるベジファーストを実践している人も多いと思いますが、野菜に限定することなく、**おかず類を炭水化物よりも先に食べるようにするといいでしょう**。というのも、肉や魚などのタンパク質や脂質には、インクレチンというホルモンの分泌を促し、糖の吸収を遅らせる効果があるためです。

おかずファーストを意識することは、栄養バランスを整えることにつながります。たとえば、朝はパンとコーヒーだけだった人は「サラダや卵も付けてみようかな」と考えるようになったり、お昼はコンビニのおにぎりやカップラーメンだけだった人は「惣菜コーナーも見てみようかな」と思ったりと、行動が変わってくるのではないでしょうか?

とはいえ必ずしも、おかずを全部食べ切るまで炭水化物を食べてはいけない、ということではありません。ベジファーストと血糖値の関係を調べた研究では、最初の5分間炭水化物を食べないようにしただけでも、血糖値が緩やかに上昇する効果が得られました。完璧主義にならず食事を楽しみ、よく噛むことを心がけましょう。

ニセの食欲を撃退せよ

「お腹は空いていないのに何か食べたい。口寂しい」――食事指導をしていると、このニセの食欲が太る原因になっている人が多いように感じます。

前回の食事からあまり時間が経っていないのに何かを食べたくなったときは、まずそれが本当の空腹からくるものなのかを考えてみましょう。始めのうちは空腹レベルを数値化してみるといいですね。

レベル1……満腹
レベル2……食べられないことはない
レベル3……やや空腹感がある
レベル4……はっきりとした空腹感がある
レベル5……腹ペコ

といった感じでその食欲をジャッジしてみてください。

レベル1と2はニセの食欲です。レベル3でもニセの食欲かもしれません。レベル1〜3の状態で強い食欲が出てきた場合は次のことを試してみましょう。

ニセの食欲撃退ワザ①【腹式呼吸】

深い呼吸は副交感神経を優位にし、リラックスモードになるのでストレスによる食欲が収まります。ニセの食欲が湧いたときには、次のような呼吸をしてみましょう。大きく鼻から息を吸った後、10秒かけてゆっくりと口から息を吐き出します。このとき、お腹をペターっと凹ませながら、体の中の空気をすべて出し尽くすつもりで吐いてみてください。次に、鼻から5秒かけてゆっくり息を吸います。このときは空気を送り込むイメージでお腹を膨らませます。吐いて吸ってを1セットとして3回ほどくり返しましょう。

ニセの食欲撃退ワザ②【温かい飲み物を飲む】

ニセの食欲が沸いたとき、時間があれば、白湯やホットコーヒー（ブラック）、お茶など温かい飲み物を入れてみてはいかがでしょうか？　温かい飲み物は、気持ちを落ち着かせる効果があります。また、わざと熱々のドリンクを用意するのもおすすめです。適温になるのを待っている間に、ニセの食欲も自然と落ち着くものです。もし時間がないなら、常温や冷たい飲み物を飲むだけでもある程度の効果があります。

ニセの食欲撃退ワザ③【歯磨き・うがい】

歯磨きやうがいなどで口の中をスッキリさせると、気分がリフレッシュされて食欲が収まる場合があります。特に歯磨きをすると「せっかく歯磨きをしたのだから」とムダ食いが減ることがあります。ぜひやってみてください。

ニセの食欲撃退ワザ④【軽い運動】

散歩に出かけるなどの気分転換もおすすめです。外出が難しいときなどは、その場で手軽にできる足踏みやスクワット、かかとの上げ下げなどをしてみるのもいいですね。

ほかにも、3章で設定したダイエットの目的や目標を思い出すのもいいでしょう。

ニセの食欲は5分以上続かないとされているので、撃退ワザを5分以上やっても収まらないときは、食事制限の影響でエネルギー不足になっているなど、本物の食欲である可能性があります。その場合は食欲を無理に抑え込もうとせず、ナッツやスルメ、ヨーグルト、果物など加工の度合いが低いものをよく噛んで食べましょう。

痩せる水の飲み方

ニセの食欲を収める方法として白湯をすすめましたが、水を飲んでも太る——そんな言葉から水分摂取を控えている人もたびたび見かけます。ですが、実際には水で太るということはありません！　これは3章でお伝えした「体重だけにとらわれている」ということにほかなりませんし、そもそも水分不足は代謝を下げる原因になります。

ちなみに、女性誌などで「水を飲むほど痩せる」というフレーズを見かけますが、こちらも間違いです。慢性的に水分が足りていない人が適量を摂る場合に有効なのであって、飲む量が多いほどよいというわけではありません。

厚生労働省では、1日に体から出入りしている水分量は2・5リットルで、摂取量の内訳は食事から1・0リットル、体内で作られる水が0・3リットル、飲み水は1・2リットルほどと紹介しています。

私の経験上、野菜や果物の摂取不足のために食事から1・0リットルを摂れていない人も多いので、**1・2〜2リットルの水を意識して飲むことをおすすめしています。**もちろん野菜の摂取が足りない人は、野菜そのものを摂ることも大切です。

また1日を通して、水分は汗や尿、呼吸などによって常に排出されていますから、水分補給はこまめにすることが大切です。特に冬は空気が乾燥していて失われる水分量が多いので、のどが渇いていなくてもこまめに水分を補給しましょう。

水を飲むことが習慣化されていない方は、こまめに水分補給をするために工夫をするといいでしょう。たとえば、500ミリリットルのペットボトルを3本用意し、正午までに

1本、16時までに1本、20時までに1本というように、自分なりの決め事を作ってみてもいいですね。

ジュースやコーヒーを飲むときの注意点

水以外に飲むものの判断基準は、糖分やカフェインの量です。

液体から糖分を摂ると血糖値が乱高下しやすいうえに、大量に摂取できてしまうので太りやすくなります。ジュースや炭酸飲料など、糖を含むソフトドリンクを多く摂取することで起こる「ペットボトル症候群」は太るだけでなく、重症になると意識がもうろうとして命に関わることもあります。特に運動もしていない人がスポーツドリンクばかりを飲むのもNGです。スポーツドリンクや経口補水液は、スポーツや肉体労働などで汗をかくときに適量を飲む分にはよいですね。

市販の野菜ジュースやフルーツジュースも、食物繊維が取り除かれ加糖されていることが多いので、ダイエットには向いていません。野菜や果物はジュースとして飲むのではなく、素材そのものを食べることをおすすめします。目の前で絞って作ったジュースであれば飲んでも構いません。

カフェインは、遅い時間帯に摂取すると睡眠の質が下がります。また、カフェインは適量ならダイエットに良いですが、利尿作用があり過剰に摂取すると、めまい、心拍数の増加、不安、震え、下痢、嘔吐などが起こるリスクがあります。なので、コーヒーだけでなく、カフェインが入っているお茶（緑茶、紅茶、ウーロン茶など）も飲みすぎには気をつけましょう。

ちなみに、コーヒーは1日に飲む量が3〜4杯のときに死亡リスクが最も低いことが、国立がん研究センターによる調査でわかっています。エナジードリンクも糖分やカフェインが入っているものが多いので要注意です。糖質ゼロやノンカフェインのエナジードリンクもありますが、添加物が入っているので日常的に飲むことはおすすめしません。エナジードリンクで眠気に耐えている人は、睡眠の質や長さを改善することが最優先事項です。

ノンカフェインのお茶（麦茶、ルイボスティー、ごぼう茶、杜仲茶、そば茶など）であればカフェインのデメリットはないですが、どんなものでも過剰摂取にならないようにしましょう。

痩せる3食の割合

朝食を抜くと太る

昔の人は1日2食だった。現代人は食べ過ぎだ——そんな理由から1日2食を提唱する人もいますが、これは間違いです。確かに3食とも満腹まで食べるのはおすすめできませんが、食事の回数を減らすのではなく、1食ごとの食事量を減らすのがよいでしょう。**1日3食以上が健康的に痩せるための食事回数の基本です。**

1日トータルの食事量と内容が同じなら、2食に分けるよりも3食に分けるほうが太りにくくなります。同じものを同じだけ食べるのであれば、回数が多いほど痩せやすい傾向があります。

わかりやすいのが、力士とボディビルダーの食生活の違いです。力士は体重が多いほうが有利なので、体脂肪を増やすため、相撲部屋の食事は、稽古後の11時ごろと18時ごろという1日2食が一般的です。

一方、ボディビルダーは、1日の食事回数が5～6回以上というのが一般的で、2～3時間おきに少量ずつ食べています。こまめに食事をすると血糖値の乱高下が抑えられるので、体脂肪の蓄積を防ぎます。また食事の間隔が長くなると、血中アミノ酸の濃度が低下して筋肉が合成されなくなるので、こまめな食事は筋肉の維持や増量にもつながります。

ボディビルダーに限らず多くのアスリートは、1日の食事回数は間食を含めた4回以上です。運動量が多いのでエネルギーが必要ということもありますが、筋肉の分解を防ぐという目的も含まれています。

この本を読んでいる方の目的は、ダイエットで体脂肪を減らし、理想の体型になることですから、参考になるのはボディビルダーやアスリートの食事スタイルです。痩せたかったら力士のように1日2食にするのではなく、最低でも1日に3食は摂るようにして、必要に応じて間食も活用しましょう。

朝食抜きは健康面から見てもNG

手軽にできる食事制限のため、主に朝食を抜く「16時間断食」が流行りましたが、ダイエットの観点からだけでなく、健康的な身体づくりのためにもおすすめしません。ここでは、朝食抜きの弊害についてお伝えします。

弊害① 筋肉が減りやすくなる

朝食抜きだと筋肉の分解がお昼まで続くので、体脂肪よりも筋肉が減って、太りやすい体になってしまいます。ときどき「16時間断食で痩せた」という人がいますが、たいていは筋肉が減ってやつれただけです。起床後は、なるべく早い段階で朝食を摂るほうが、筋肉の合成を効率よく進めることができます。朝食の時間が遅くなるときや、忙しいとき、前日が飲み会だったため食欲がないとき——そんなときは、牛乳や豆乳、ヨーグルト、チーズのようなタンパク質が含まれていて手軽に食べられるものを、少量でもいいので朝早いタイミングで摂取することをおすすめします。

弊害② 代謝活動がONにならない

朝食には体内時計のスイッチをオンにする効果があり、これにより代謝が活発になるということが研究からわかっています。つまり、朝食抜きだと昼まで代謝が悪い状態が続き、1日の消費カロリーが少なくなってしまいます。これを積み重ねると肥満に大きく関係するのは明らかです。また、朝食抜きは脳がエネルギー不足になり、仕事のパフォーマンスが下がることにもつながります。

弊害③ 血糖値が乱高下しやすくなる

食事と食事の間隔が長ければ長いほど、血糖値は乱高下しやすくなります。つまり、朝食を抜くと、昼食時の血糖値を急激に上げることになります。血糖値が急上昇すると大量のインスリンが分泌され、ブドウ糖が脂肪に変わりやすい状態になります。また、血糖値の乱高下は血管にダメージを与えることになりますから、生活習慣病のリスクも高まるといえるでしょう。ちなみに朝食で食物繊維を摂ると、昼食での血糖値上昇を緩やかにしてくれます。これはセカンドミール効果と呼ばれていて、昼食後の眠気を軽減することにもつながります。

朝は食欲が湧かないという人がいますが、たいていは夕食から寝るまでの時間が短いことや夕食の量が多い、よく噛まないなどが原因です。仕事などで帰宅時間が遅くなる方は、午後~夕方に間食を摂って、その分夕食を少なくしましょう。普段夕食で食べている量を、間食と夕食の2回に分けて摂るイメージです。こうすると夕食で血糖値が急上昇せず、また夜にドカ食いもしなくなるので、翌朝の食欲への悪影響も減ります。

１日の最適な食事の割合

では、痩せるためには、３食をどのような比率で食べるのがよいでしょうか。

朝食は１日の食事量の４分の１以上を摂ると、体内時計のリセット効果が得やすくなるという調査結果があります。また、午後2時ごろは、脂肪合成を促すタンパク質BMAL1（ビーマルワン）の分泌量が最も少ない時間帯なので、この時間に食べると太りにくいです。

夜は活動量が少ないので食べた分のエネルギーが使われず、脂肪として蓄えられやすいです。また、ＤＩＴ（食事誘発性熱産生）によるカロリー消費も、夜は朝より少ないことがわかっています。ほかにもインスリンの働きが、夜は朝より弱いことも体脂肪蓄積と関係しています。そしてもうひとつ大きな影響があります。夕食から就寝までの間隔が短いと、食べ物が胃に残っている状態で寝ることになり、睡眠の質が下がるので、太りやすくなってしまうのです。

これらのことから、**私が指導の現場でおすすめしているのは、朝4：昼3：夜3や、朝3：昼4：夜3の割合**です。仕事が遅くまであり夕食が遅くなる場合は、間食を摂り、朝3：昼3：間食2：夕食2くらいにしてもよいですね。夕食の比重が多いと太りやすいので、朝食や昼食の比重を上げ、夕食は軽めにするのがダイエット面でも、健康面でも有効です。

またペンシルベニア大学が行った興味深い実験があります。この実験では、①朝型（午前8時から午後7時まで）と、②夜型（昼の12時から午後11時まで）という2つの食事スタイル（どちらも1日3食）で、被験者に8週間を交互に過ごしてもらいました。すると②夜型の食事スタイルでは食べ過ぎにつながり、不健康になりやすいことが示されました。

食事が夜型になると、体重が増えやすくなるだけでなく、インスリン・血糖・コレステロール・中性脂肪などの値も高くなり、糖尿病リスクが上昇しやすいことを示した研究も発表されています。

このことからも、朝食抜きや夜の食事量が多くなるような習慣は、太りやすいのはもちろん、健康にも悪影響を及ぼすといえるでしょう。

食生活は1週間単位で考える

ここまでどう食べるかについて触れてきましたが、正しい食生活を365日続けられる人はほとんどいないでしょう。

ですから、飲み会のある日は昼食をいつもよりも控えめにする、食べ過ぎてしまった翌日は、腹6分目くらいを意識するなど、**食事は1週間単位で調整するくらいの気持ちでまずは取り組んでみてください。**

これまで何十年と培ってきた習慣はすぐには変わりませんし、仕事や友人との付き合いもあるでしょう。食べ過ぎたりジャンクフードに走ったりしてしまうときもあるかもしれません。しかし、そのときに罪悪感を持って食べたり、後悔して自分自身を責めたりしないことが大切です。また正しい食習慣を実践すれば、すぐにリカバリーできるはずです。

05

痩せる食事習慣「何を食べるか」

痩せるために摂りたい栄養素

食事改善は最も効率のいいダイエット

運動は健康やボディメイクの面では、食生活と同じくらい大切です。しかし**ダイエットにおいて最も大切なのは食生活です。**

ジムに通っているにもかかわらず一向に痩せない人が、あなたの周りにもいるのではないでしょうか？　食事を改善せず運動だけで痩せるのも不可能ではないですが、非常に長い時間がかかり、非効率だといえます。

ダイエットプログラムで一世を風靡したライザップで痩せる理由も、運動より食事指導による影響が圧倒的に大きいです。多くの人は50分のトレーニングを週2日ほど行いますが、これだけで劇的に痩せることはできません。毎日3回以上の食事をすべてトレーナーに報告し食事制限することによって、短期間で劇的な変化をもたらしています。

また、**同じ量のカロリーを運動で消費するよりも、食事で摂取するほうがずっと簡単です。**たとえば５００キロカロリーのスイーツを急いで食べたら、５分もかからないのではないでしょうか。一方、５００キロカロリーを運動で消費するには、普段から運動をしていない人の場合は1時間でも難しいことです。

実践の前にまずは正しい知識から

書店に行けば、毎週のように新しいダイエット本が発売されていますし、テレビでは健康情報やダイエット情報が昼夜問わず放送されています。そのなかで、健康的に痩せることができる情報はどれだけあるでしょうか？「健康を害しても構わない。リバウンドは覚悟の上で短期的に痩せたい」と思っているのであれば、極端な食事制限をするのもいいでしょう。しかし、私がお伝えしたいのは健康的に痩せられるダイエットの知識であり、太らないための習慣です。

そのために、本章では食事に関する正しい情報をお伝えしたいと思います。

特に男性に多いのですが、ダイエットが必要な方は、次のような食生活を送っていることが多いです。

朝・・・パンとコーヒーのみ
午前中・・・お菓子などを軽くつまむ
昼・・・ラーメンと半炒飯
夜・・・ホットスナック（揚げ物など）
帰宅後・・・軽く晩酌をしながらコンビニ弁当

例にあげたような食事だと、糖質や脂質がメインで過剰摂取となり、食物繊維はまったく足りていません。このように「摂取カロリーは足りているが、他の栄養素が足りていない状態」を**現代型栄養失調**といいます。のちほど詳しく説明しますが、ビタミンやミネラルなどの栄養素が不足すると脳が「エネルギー

男性に多い食生活の例

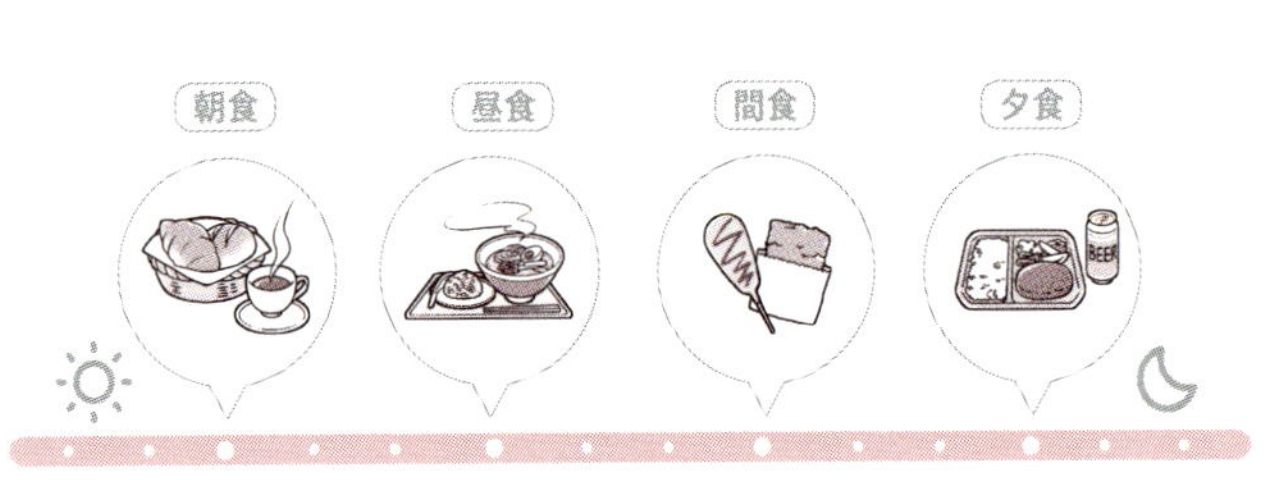

不足になっている」と判断して、食欲を増やすように指令を出します。ここでジャンクフードのような栄養価が低いものを食べると、悪循環に陥ります。この状態になると摂取カロリーが代謝されずに、体脂肪としてどんどん蓄積されていきます。現代型栄養失調の人によくある食事の特徴は、主食の割合が多くおかずが少ない、特に野菜や海藻類など食物繊維のものが少ない、朝食が軽めで夕食のボリュームが多い、というものです。

女性の場合は、一食をサラダやプロテインだけにしたり、炭水化物を減らしすぎたりして、必要な栄養素が足りなくなってしまう例も多いです。すると、体が省エネモードになって疲れやすくなったり、ストレスも溜まります。このような行き過ぎた食事制限の影響で、たびたびお菓子をドカ食いしてしまうことにもつながります。

女性に多い食生活の例

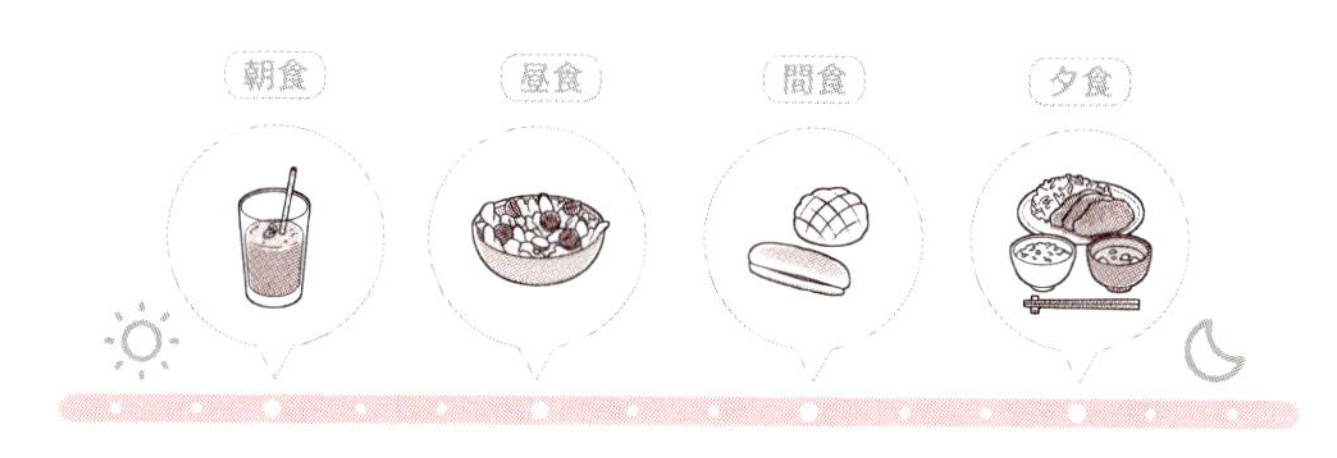

栄養が不足すると、もちろん健康にも影響しますし、ニセの食欲が湧くなど神経系に影響を及ぼし、メンタル不調にまでつながることがあります。太っているだけでなく、マイナス思考や気分の浮き沈みが激しいなどのメンタルの不安定さを自覚している人は、食生活を整えるだけで改善するケースもあります。

食事を改善すると、野菜などが増えて以前より食べる総量が増えるにもかかわらず、総カロリーは自然と減って痩せることにつながります。

まず知っておきたい「PFCバランス」

何を食べるべきか？――この問いに端的に答える

600kcalの食事の比較

なら「栄養バランスよく」のひと言に尽きます。

Ａさんは甘い飲み物とお菓子で６００キロカロリーを摂取。

Ｂさんは、焼き魚と白米、味噌汁と小鉢の定食スタイルで６００キロカロリーを摂取。

栄養バランスがいいのは、明らかにＢさんですね。

このように、数字に捉われると全体像を見失いやすいものです。カロリー量も大切ですが、中身（＝質）にこだわることが栄養バランスのいい食事には欠かせません。

ひと口に栄養バランスといっても幅が広いので、まずＰＦＣバランスを紹介します。

ＰＦＣとは、タンパク質（Protein）、脂質（Fat）、

理想的なPFCバランス

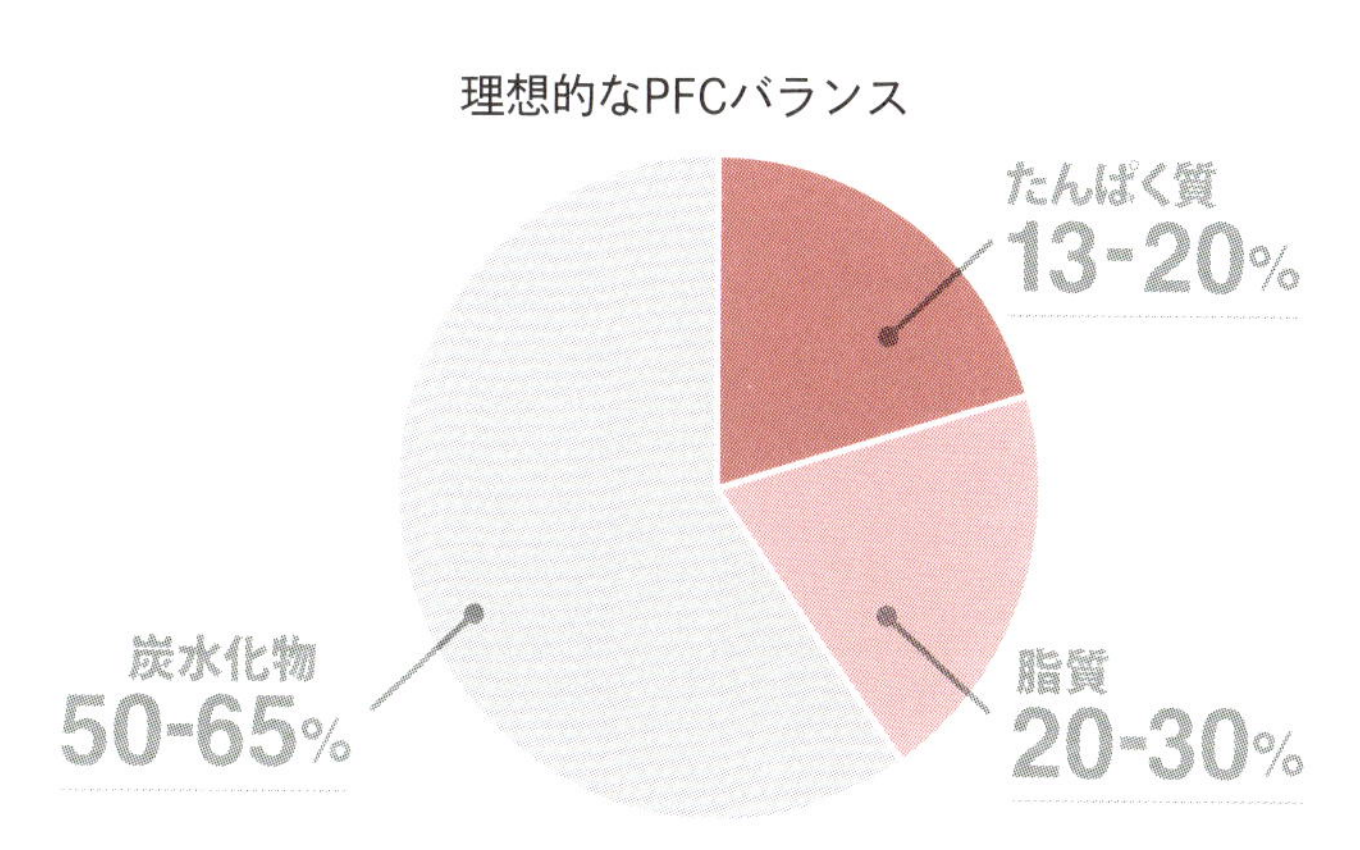

出典：厚生労働省『日本人の食事摂取基準（2020年版）』

炭水化物（Carbohydrate）**の頭文字を取った言葉であり、この３つが三大栄養素と呼ばれるものです。**人間の身体になくてはならない栄養素のうち、エネルギー源となるのはこの３つの栄養だけです。

厚生労働省の指標では、**タンパク質が13～20％、脂質が20～30％、炭水化物が50～65％**というバランスを、健康的な栄養摂取の目安としています。健康的に痩せるために、私も厚生労働省の示すＰＦＣバランスを推奨しています。

【タンパク質（Protein）】

私たちの身体の約60％は水分ですが、残りの40％のうち約半分をタンパク質が占めています。タンパク質が不足すると筋肉が減少したり、肌や髪、爪の荒れにつながったりします。ダイエット面でいえば、タンパク質不足は、筋肉の減少↓基礎代謝量の低下↓痩せにくい体になる、という事態を招く可能性があるのです。さらに、タンパク質は血液の細胞やホルモン、酵素や抗体など身体機能を維持するための材料にもなります。ですからタンパク質は非常に大切な栄養素なのです。

　タンパク質の摂取量は、体格や日頃の活動量に応じて調整する必要がありますが、成人の場合は1日あたり、女性なら60グラム、男性なら75グラムを目安としてみてください。

　タンパク質ならいくら摂っても構わないと思っている人もいますが、タンパク質は糖質と同様に1グラムあたり4キロカロリーのエネルギーがあるので、たくさん摂ればその分エネルギー過多になります。

　最近はコンビニでもプロテイン商品を見るようになりましたが、タンパク質は日々の食事から摂取するのが最適

タンパク質を多く含む食品の例

高タンパクヨーグルト1個（10.2g）

木綿豆腐150g（9.9g）

納豆1パック（8.25g）

牛乳コップ一杯（6.8g）

ゆで卵1個（6.45g）

油揚げ1枚（5.58g）

プロセスチーズ1個（3.5g）

パルメザンチーズ大さじ1（2.64g）

鶏むね肉100g（19.5g）

豚ロース100g（19.3g）

豚ひき肉100g（18.6g）

牛肩ロース100g（13.8g）

サバ水煮缶1缶（31.35g）

鮭1切れ（18g）

なので、一般の人のダイエットでは頼る必要はありません。食が細い人や忙しすぎて食事の時間が取れない人、体を大きくしたい人などであれば、うまく活用するのはよいですね。

ちなみにプロテインのことを「飲むだけで筋肉がつく筋肉増強剤」だと思っている人もいますが、タンパク質の英語表記がProteinというだけのことです。プロテインを飲んだからといって、筋肉がつくわけではありません。

タンパク質が含まれている主な食品群は次の6種類です。ま…豆類、さ…魚・魚介類、に…肉、に…乳製品、た…卵、こ…穀物。これらの頭文字を取って「まさに にたこ」と語呂合わせにして覚えておきましょう。いつも同じ物からタンパク質を摂っていると栄養バランスが偏ってしまうので、幅広い食材からタンパク質を摂取することが大切です。

【脂質（Fat）】

脂質といえば、ダイエットの敵――そんなふうに考えている方も多いのではないでしょうか？　しかし、脂質は細胞膜やホルモンの構成成分にもなる重要な栄養素で、体温の保持や内臓の保護などに欠かせません。脂質が不足すると、ホルモンバランスの乱れやエネルギー不足、体力低下のほか、免疫機能の低下、脳出血や発育障害などにも関係するといわれています。

1日のエネルギー必要量が2000キロカロリーである場合に必要な脂質量（20〜30％）を計算すると400〜600キロカロリー分です。1グラムあたりのカロリーが9キロカロリーなので、計算すると44・4〜66・6グラムの脂質を1日で摂る必要があるということです。脂質には1グラムあたりのカロリーが、タンパク質や糖質の2倍以上あるため、悪者として扱われることがあります。しかし、不飽和脂肪酸の一種であるオメガ3とオメガ6と呼ばれる脂肪酸は、体内で合成できないため、食事からの摂取が必要な「必須脂肪酸」と呼ばれます。

オメガ3にはＥＰＡ（エイコサペンタエン酸）やＤＨＡ（ドコサヘキサエン酸）などがあり、抗炎症効果があるため注目が集まっています。農林水産省によるとオメガ3には、すい臓がん・肝臓がん・男性の糖尿病などの予防、肥満の抑制、心臓や血管疾患リスクの低減、胎児や子どもの脳の発育、などさまざまな効果があることが明らかにされているとのことです。

近年はオメガ3の摂取量が不足している人が多いのですが、適度に摂ることでダイエット効果も期待できます。スーパーでも見かけるようになったアマニ油やエゴマ油はオメガ3を含む植物油ですが、吸収率の観点からは魚介類から摂取するほうがおすすめです。

オメガ6は肉や卵、植物油などに含まれており、多くの人が日常的に十分な量を摂取できているので、必須脂肪酸だからといって、意識的に多く摂取する必要はありません。過剰摂取になると体内で炎症を起こす作用もあるので、ファストフードや揚げ物、お菓子などの摂り過ぎには注意しましょう。

また、摂り過ぎに気をつけたい油として、

油の種類と特徴

分類			代表的な食品	特徴
飽和脂肪酸			バター、牛や豚の脂、ココナッツ油など	主にエネルギー源になる。
不飽和脂肪酸	一価不飽和脂肪酸	オメガ9	オリーブオイル、菜種油、牛や豚の脂など	血液中の悪玉コレステロールを減少させる。酸化されにくい。
	多価不飽和脂肪酸	オメガ6	ひまわり油やごま油など多くの植物油	血圧を下げる。血液中の悪玉コレステロールを減少させる。
		オメガ3	エゴマ油、アマニ油サンマ、マイワシ、マグロなどの青魚系	抗血栓作用・血液中の中性脂肪を減少させる。酸化されやすい。

パーム油やトランス脂肪酸があります。これらは、摂り過ぎると血中総コレステロールが増加し、心筋梗塞をはじめとする循環器疾患のリスクが増えます。カップ麺や、フライドポテトによく使われているので、食べ過ぎには注意が必要です。

【炭水化物（Carbohydrate）】

炭水化物は「糖質＋食物繊維」で構成されます。糖質制限ダイエットが流行った影響で悪者扱いされることが増えましたが、糖質は体内で最も素早くエネルギーに変わる栄養素で、脳や体を動かす際に欠かせないものです。過剰に摂れば余った分は脂肪として体内に蓄えられますが、制限しすぎるのもよくありません。糖質が不足すると脳の働きが鈍くなり、判断力や注意力の低下につながります。さらにエネルギーが不足すると、体脂肪だけでなく体内のタンパク質を分解するよう働くため、筋肉量の減少につながります。

複数の大規模な調査から、糖質の割合が50％を下回って少なくなるほど、将来の死亡率が高くなることが明らかになっています。糖質の割合が70％以上などと多すぎても死亡率は高くなりますが、糖質の割合が少ないほうが、より死亡率が高くなっていました。厚生労働省の指標でも50～65％を推奨しているとおり、50％を下回らないようにしましょう。

摂取カロリーの50％を糖質から摂る場合の目安量を、実際の食べ物で考えてみましょう。

１日のエネルギー必要量を２０００キロカロリーとすると、その50％は１０００キロカロリー分です。糖質１グラムは約４キロカロリーなので、計算すると２５０グラム分です。白米であればお茶碗１杯（１５０グラム）で55キロカ

1食に含まれる糖質量の例

生姜焼き（7.98g）

からあげ（11.8g）

デミグラスハンバーグ（13.6g）

メンチカツ（14.3g）

とんかつ(ロース)（14.3g）

肉じゃが（24.6g）

肉野菜炒め（6.1g）

餃子（25.3g）

麻婆豆腐（7.1g）

鮭の塩焼き（0.1g）

さばの味噌煮（9.3g）

ポテトサラダ（10.2g）

バナナ（21.4g）

バニラアイス（19.9g）

大福（36.0g）

ロリー程度なので3杯分、加えておかずや間食などで100グラム弱の糖質を摂ることが可能です。ちなみに、普段運動をしない人の1日の推定エネルギー必要量は、男性の場合は約2300キロカロリー、女性の場合は約1700キロカロリーです。

図のような食品の糖質量を目安にして、炭水化物をしっかり摂取する食生活に改善することもダイエットには欠かせません。

太りやすい糖質と太りにくい糖質

白米よりも玄米やもち麦、白色のパンよりも全粒粉パンやライ麦パン、うどんなどの白色の麺類よりも蕎麦——このような茶色い炭水化物は、食物繊維やビタミン、ミネラルがより多く含まれていることと血糖値が上がりにくいことから、太りにくい糖質といえます。

好みもありますが、炭水化物を茶色のものに置き換えたり、ご飯であれば白米に玄米やもち麦を混ぜるのもいいでしょう。最近はコンビニやスーパーでも茶色の炭水化物が含まれている食品が増えているので、外食の際は意識して選んでみるのもおすすめです。

なお、糖質制限を強く推奨する人は、「白米には角砂糖○個分もの糖質が入っている」などと敵視することがありますが、砂糖に置き換えるのはナンセンスです。昔の日本では、現代よりずっと多くのお米を食べていましたが、肥満の人は今よりも少なかったのです。長年にわたってデンプンを食べてきた日本人を含むアジアに多い民族は、デンプンをあまり食べない民族と比べて、多くのアミラーゼ遺伝子を持っています。

お米をよく噛むとアミラーゼ酵素がデンプンを分解し甘味を感じて、いち早くインスリンが分泌されるので、血糖値の急上昇が抑えられます。やはりよく噛んで食べることが大切であり、食べ過ぎなければ、白米が太る要因になる人はあまり多くないと思われます。

また最近はグルテンフリーの流行とともに、小麦製品を敵視する人もいます。小麦による体調不良やアレルギー症状がなく好物であれば、制限しすぎる必要はありません。ただ、主食をパンにすると、組み合わせるおかずがソーセージやベーコンなど、動物性脂質が多い食材になりがちです。すると、カロリー過多になりやすいため注意が必要です。

そして、白い炭水化物や小麦製品よりも気をつける必要があるのが、主食以外からの糖質です。特に甘いドリンクやお菓子、加工食品などに気をつけましょう。これらによく含まれている**果糖ぶどう糖液糖は、世界中で肥満が増えている大きな要因**とされています。3食の主食を減らしすぎて、その後に空腹感が強まり、お菓子を食べてしまった経験がある人もいるのではないでしょうか。これは本末転倒といえますね。

糖質ゼロ食品の罠

食品の栄養表示基準では、糖質ゼロ表記ができるのは、100グラムあたりの含有量が0・5グラム未満の場合とされています。また、カロリーゼロやノンカロリーと表示できるのは、100グラムあたりのエネルギーが5キロカロリー未満のときと定められています。つまり、カロリーゼロや糖質ゼロ食品だからといって、たくさん食べたり飲んだりすれば確実に肥満につながります。2023年5月にWHOは「砂糖代替の甘味料に体重減少効果はなく、むしろ病気のリスクを高める」という勧告をしました。また「糖質ゼロ」という食品でも、脂質や添加物などが多く含まれていることもあるので、注意が必要です。

「炭水化物＝糖質」ではないことと同様に、糖質と糖類もイコールではないので、ここで説明したいと思います。

図を見ていただくとわかるように、炭水化物の一部が糖質であり、糖類は糖質に内包されています。

「糖類ゼロ」という表記の食品でも、オリゴ糖やデンプンが含まれていれば糖質がゼロなわけではありません。もちろん、糖類は吸収が速く肥満の原因ともなりやすいので、糖類ゼロ食品の意義を全否定はしませんが……。「糖類ゼロ＝太らない」と安易に飛びつくのは考えものです。

炭水化物と糖質・糖類の関係

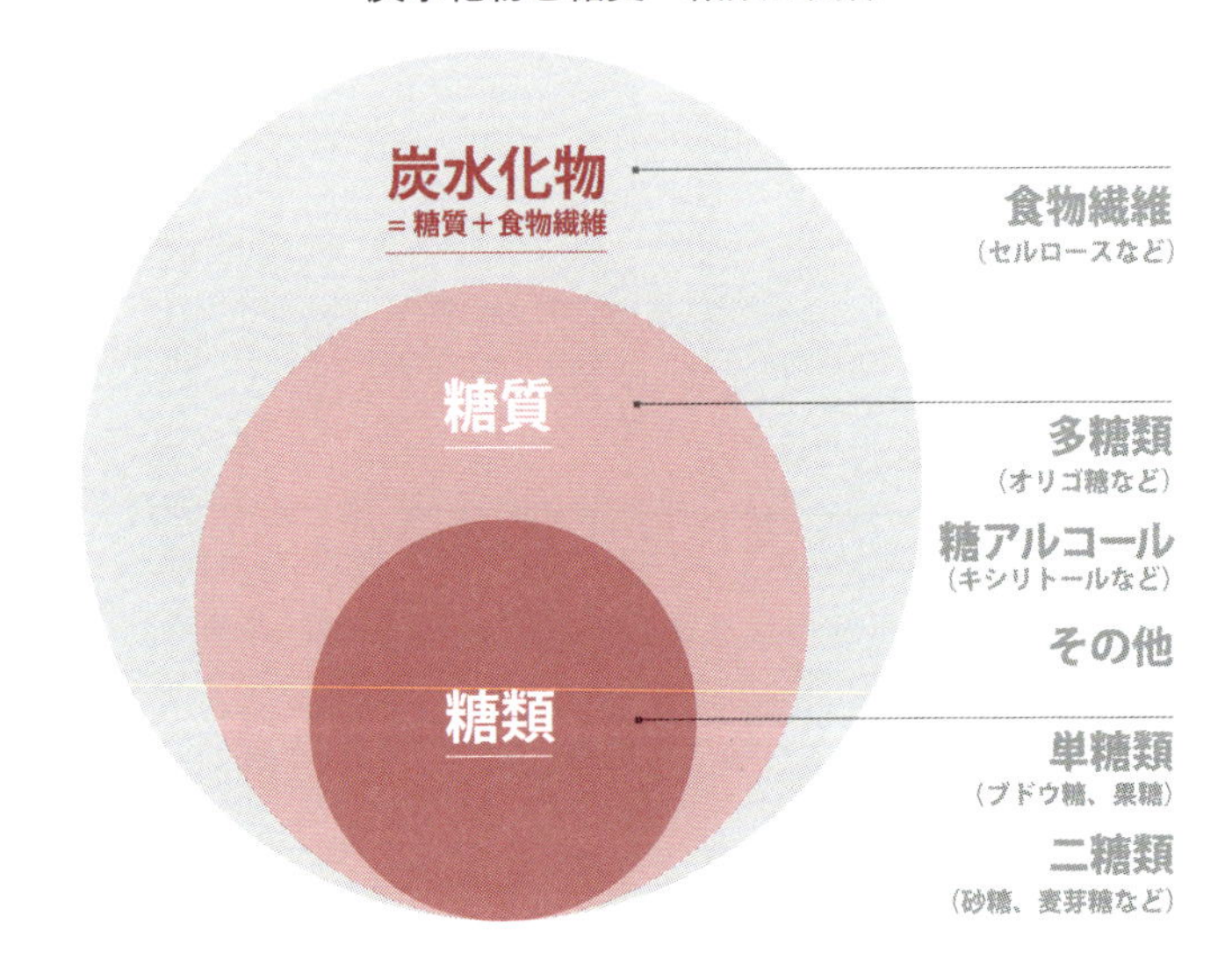

健康のために欠かせない七大栄養素

ＰＦＣで表す三大栄養素のほかに、ビタミン・ミネラルを加えたものを五大栄養素と呼びます。そして近年は、食物繊維を加えて六大栄養素とも呼ばれるようになってきました。さらにファイトケミカルを加えて七大栄養素と呼ぶことが増えています。

【ビタミン・ミネラル】

ビタミン・ミネラルは、糖質、脂質、タンパク質の分解や合成を助ける働きや、成長を促進させるホルモンに近い働きをするため、健康維持はもちろんダイエットにも大切な栄養素です。カロリーは十分摂取していてもビタミンやミネラルが不足すると、脳が「エネルギー不足になっている」と判断して、食欲を増やすように指令を出します。ジャンクフードやファストフードのようなカロリーが多く、ビタミンやミネラルが少ないメニューが太りやすいのは当然のことといえます。

各種ビタミン・ミネラルは、互いに吸収や働きに影響を与え合うので、さまざまな食材をバランスよく摂ることが大切です。ビタミンは性質によって水溶性ビタミン（ビタミンB群、ビタミンC）と脂溶性ビタミン（ビタミンA・D・E・K）に分けられます。野菜などに多く含まれる水溶性ビタミンは水に溶けやすいので、スープや煮込み料理などで煮汁ごと飲めば栄養を余すことなく摂取できます。ただし、塩分が濃くならないように気をつけましょう。

脂溶性ビタミンは油と一緒に摂ることで吸収率がアップするので、野菜を炒めたり揚げたりすることも理にかなっています。加熱することで食材のかさが減り、生野菜よりもたくさん食べられるようになるメリットもあります。しかし、生野菜のほうが酵素を多く摂取できるので、ひとつの食べ方に固執せず、さまざまな調理法で多様な食材を食べるように心がけてください。

【食物繊維】

食物繊維といえば、便秘解消に役立つというイメージを持つ人が多いかもしれません。食物繊維は、小腸で消化・吸収されず大腸まで達するため、かつては不要なものだと思われていました。しかし近年では、肥満や脂質異常症、糖尿病や高血圧などの生活習慣病の予防に効果的だとされています。

食物繊維のなかでも水溶性食物繊維は、血糖値の上昇を抑えたりコレステロールやナトリウムを排出する効果があります。また近年は「やせ菌」といわれる腸内細菌のエサになるともいわれています。水溶性食物繊維は特に、めかぶ、もずく、納豆、オクラ、山芋、なめこ、などのネバネバ食品や海藻類に多く含まれています。

一方で不溶性食物繊維は、腸内で水分を吸収して膨らみ、便のかさを増やす働きや有害物質を吸収して排出する作用があります。特に穀物や豆類、キノコ類などに多く含まれています。

「日本人の食事摂取基準」によると、18〜64歳の一日の食物繊維の目標量は、男性21グラム以上、女性18グラム以上です。１９５０年ごろには平均摂取量が20グラムを超えていましたが、現代人の平均摂取量は約14グラムと推定されています。実際に食事指導の現場でも、多くの人が海藻類、野菜類、キノコ類などが不足しがちです。特に、水溶性食物繊維が不足している人が多いのですが、水溶性食物繊維にはペクチン・グルコマンナン・アルギン酸・βグルカンなどさまざまな種類があります。そのため、サプリで1種類の食物繊維を多く摂るのではなく、自然な食品から多様な食物繊維を摂ることが最も大切です。

【ファイトケミカル】

抗酸化作用や免疫活性作用のある植物性化学物質をファイトケミカル(フィトケミカル)といいます。

ファイトケミカルが含まれている食材の多くは、抗酸化作用（活性酸素の攻撃から身を守る仕組み）や代謝向上などが期待できるといわれています。次ページのファイトケミカルは名前を聞いたことがある人も多いのではないでしょうか。

ファイトケミカルは、まだまだ研究途上の栄養素です。新たに発見されることも多々あり、メディアでセンセーショナルに取り上げられブームになりやすいです。テレビなどで取り上げられるとつい「摂取しなくちゃ!」と、ひとつの食品にばかりフォーカスしがちですが、結局はバランスよく幅広い食材を食べることが最重要です。

ファイトケミカルの例

栄養素	含まれる主な食材	期待される効果
イソフラボン	大豆製品など	更年期障害の緩和、骨密度の維持、乳がんや前立腺がんの予防など
カテキン	緑茶、カカオなど	血圧上昇抑制作用、コレステロール値の改善、肥満予防など 口臭予防、虫歯予防など
アントシアニン	ブルーベリーなど	血糖値の上昇抑制、視力の改善など
リコピン	トマトなど	心臓病やがんの予防、美肌、老化の予防、動脈硬化などの生活習慣病予防など
βカロテン	ニンジン、かぼちゃなど	がんの予防、アンチエイジングなど

痩せるために摂りたい食品

「まごわやさしい」で七大栄養素をバランスよく摂ろう

長々と栄養素について解説してきましたが、**大切なのは「バランスよくさまざまな食材を食べること」**――これに尽きます。

食材をバランスよく食べるための指標となるのが、**「まごわやさしい」**という、日本人になじみの深い食材の頭文字を取ったフレーズです。

ま　豆類……大豆、小豆、味噌、豆腐、納豆、枝豆など
ご　ごまなどの種実類……ごま、ナッツ類など
わ　わかめなどの海藻類……わかめ、ひじき、海苔、昆布、めかぶ、もずくなど
や　野菜類……キャベツや白菜、もやしなど淡色野菜だけでなく、にんじんやパプリカ、トマトなど色の濃い緑黄色野菜も大切

さ　魚などの魚介類……切り身のほか、小魚や貝類のような丸ごと食べられるものなど
し　しいたけなどのキノコ類……しいたけ、まいたけ、しめじ、なめこ、きくらげなど
い　イモ類……里芋、山芋、じゃがいも、サツマイモなど

１日の食事のなかでこれらの食品を意識して食べると、先ほどお伝えした七大栄養素をバランスよく摂ることができます。特に「わ：海藻類」「や：野菜類」「さ：魚介類」「し：キノコ類」は現代人が不足しがちな食品ですから意識して摂りましょう。

巻末に、１週間で「まごわやさしい」をバランスよく摂れる献立を載せていますので、参考にしてみてください。

缶詰や乾物で手軽に「まごわやさしい」を実践

料理に不慣れな人や、外食ばかりという人もいるでしょう。ここではそのような方に向けて、手軽に食べられる食材についてお伝えします。

ま……【豆の缶詰やパウチなど】

味噌汁や豆腐から摂れる豆類ですが、枝豆やミックスビーンズ缶などもスーパーに行けば見つかるので、ぜひ取り入れてみてください。最近は、パウチに入った蒸し大豆などもスーパーやコンビニで見かけます。食事にプラスするのはもちろん、小腹が空いたときの間食、おつまみとして活用するのもおすすめです。

ご……【ごまやナッツ類】

ナッツ類は加工されていない自然食品で栄養価も高いので、間食としてもおすすめの食品です。ただ、脂質が多いので食べ過ぎには注意が必要です。購入するときは、無塩や味付けなしのものを選び、また1種類のものよりもミックスナッツにすることで栄養バランスが良くなります。さらに、小分けになっているものを選ぶと一度に食べ過ぎるのを防げます。ちなみに、ごまはすりごまのほうが栄養の吸収率が良くなります。

わ……【乾物系の海藻類】

乾燥わかめやとろろ昆布、糸寒天などは手軽に摂れる海藻類の代表です。インスタント味噌汁やスープなどにプラスするだけ、と手軽に使える点でもおすすめです。ほかにも、もずく酢や、めかぶ、海苔などもそのまま食べられる食品です。定食屋で小鉢を追加したり、自宅に常備したりして、意識的に摂取しましょう。

や……【洗うだけの野菜や冷凍野菜】

料理の習慣がない人には、サラダさえハードルが高いケースもあります。そんなときにおすすめなのが、洗うだけで食べられる野菜です。トマトやミニトマト、カイワレ大根のほか、ブロッコリースプラウトはそのまま食べられるものが多いですし、もやしや小松菜などレンジでチンするだけでいい野菜もあります。ほかにも、スーパーなどのカット野菜は、コンビニのお弁当にプラスするだけでも栄養価はグッと上がります。冷凍野菜は保存がききますし、旬の時期に収穫していて栄養価も高いので、常備しておくと役立ちます。

さ……【魚の缶詰】

魚の缶詰は、タンパク質と良質な脂質を効率よく摂れるダイエット向けの食品です。特に青魚と呼ばれるサバ、イワシ、アジ、サンマなどには、オメガ3と呼ばれる良質な脂が豊富に含まれています。缶詰の場合は、オメガ3は煮汁にも多く含まれているので、味噌汁に入れるなど煮汁ごと食べるのがおすすめです。なお、ツナ缶にはオメガ3が少なめです。低糖質ダイエットが流行ったときは、味噌煮や味付けの缶詰を避けて水煮缶ばかりを食べている人がいました。しかし、味の好みは人それぞれであり、食事を楽しむことも大切なので、頻度や量に気をつければ味噌煮や味付けの缶詰を食べても問題はありません。

し……【キノコ類は汁物に】

キノコ類を単品で食べようと考えると、よほどの料理好きでないとレパートリーが思いつかないでしょう。おすすめは汁物に入れてしまうことです。味噌汁や鍋などに入れれば、だしも出ておいしさもアップします。

ちなみに、私の得意料理は味噌汁です。不足しやすい食材を入れてしまえば、具だくさんでお腹も満たされるので、忙しいビジネスマンや料理が苦手な人にはおすすめです！
簡単に作れる味噌汁のレシピを3つ、次のページで紹介しています。

【イモ類はネバネバ系を】

イモ類のなかでも、じゃがいもやサツマイモは糖質が多いため、これらを多く食べるときは、主食を減らして調節するのも手です。たとえば同じじゃがいもでも、ふかし芋として蒸すだけで食べるか、細長く切ってフライドポテトにするかでは、太りやすさがまったく違ってきます。なので、調理法や味付けにも気をつけましょう。基本的には、加工の度合いが少ないほど太りにくくなります。山芋や長芋、里芋のようなネバネバしたイモ類には食物繊維が豊富に含まれているので、意識して摂取するとよいですね。

ほうれん草の味噌汁

材料（2人分）
水　400ml
味噌　大さじ2
顆粒和風だし　小さじ1
冷凍ほうれん草　30g
乾燥わかめ　2g
まいたけ　30g

作り方

1. 鍋に水と顆粒和風だしを入れ、煮立ったら冷凍ほうれん草とまいたけを加える。
2. 再び煮立ったら火を止めて味噌を溶かし入れ、乾燥わかめを加える。

野菜たっぷり味噌汁

材料（2人分）
水　400ml
味噌　大さじ2
顆粒和風だし　小さじ1
カット野菜［炒め物用］　1/2袋

作り方

1. 鍋に水と顆粒和風だしを入れ、煮立ったらカット野菜を加える。
2. 野菜に火が通ったら火を止めて味噌を溶かし入れる。

鯖缶味噌汁

材料（2人分）
水　400ml
味噌　大さじ2
顆粒和風だし　小さじ1
鯖の水煮缶　1缶
しめじ　50g

作り方

1. 鍋に水と顆粒和風だしを入れ、煮立ったら鯖の水煮缶としめじを加える。
2. 再び煮立ったら火を止めて味噌を溶かし入れる。

外食やコンビニ食が多い人におすすめの食べ方

忙しくて買い物に行ったり料理をしたりする時間がない、料理がそもそも苦手……という人も多いと思います。そのような方におすすめなのが、冷凍の宅配弁当サービスです。温めるだけで食べられますし、栄養バランスも優れているのが特徴です。さまざまな会社がこのようなサービスを行っていますが、私自身が実際に試して良かったと感じるのは、「ｎｏｓｈ（ナッシュ）」のお弁当です。

また、コンビニなどを利用する際には、栄養成分表を見てタンパク質やカロリーをチェックするとともに、原材料名も見てみましょう。というのも、現代人に肥満が増えている原因のひとつに加工食品の存在があります。なかでも、炭酸飲料やスナック菓子、アイスクリームや大量生産されたパン、温めるだけのピザやパスタ、インスタント麺、ソーセージやハンバーガーなど、その原型が見えないような食品は「超加工食品」と呼ばれ、砂糖や油、塩、保存料が多く使われています。

加工食品を食べる場合は、栄養成分と原材料の表示をよく見るようにしましょう。**原材料名は、含有量が多い順番に書くという決まりがあります。**たとえば一般的なチョコレートだと、最初に「砂糖」と表記されていることが多いです。しかし、カカオ含有量が多いチョコほど砂糖の表記が後ろのほうにいき、「カカオマス」が前のほうにきます。お菓子全般や調味料などでも、果糖ぶどう糖液糖や植物油脂が、どの辺りに書かれているかをチェックしてみましょう。

もうひとつポイントとなる表示ルールは、「／（スラッシュ）」以降は添加物を書くということです。添加物がすべて悪いわけではありませんが、少ないに越したことはありません。「／」以降の表記が多いかどうかも、買い物の判断基準にするのがおすすめです。

幕の内弁当のようなおかずが豊富なお弁当を選んだり、最近では「10品目摂れる」や「まごわやさしいバランス弁当」などとネーミングされたサラダや弁当が増えているので、そういったものを選ぶといいですね。

最近では、電子レンジや炊飯器に入れるだけで手軽にできる料理も多くありますので、いくつかレシピを紹介します。

豚肉野菜蒸し

材料（1人分）
豚しゃぶロース肉　100g
カット野菜［炒め物用］　100g
塩こしょう　少々
酒　大さじ1
ポン酢しょうゆ　大さじ2

作り方

1. 耐熱容器にカット野菜を半量入れ、豚肉の半量を重ならないように並べ、塩こしょうを振る。
2. 残りも1と同様にし、酒をまわしかける。
3. ふんわりとラップをして600Wのレンジで肉に火が通るまで約5分加熱する。
4. 水気を切って器に盛り、ポン酢しょうゆをかける。

ポトフ

材料（1人分）
ウインナー　2本
冷凍ブロッコリー　3個
キャベツ　3枚
にんじん　1/4本
コンソメ　小さじ1
水　300ml
塩　少々
こしょう　少々

作り方

1. 耐熱容器に水とコンソメを入れ混ぜる。
2. ウィンナー、冷凍ブロッコリー、キャベツ、にんじんを入れる。
3. ふんわりとラップをして600Wのレンジで8分加熱する。
4. 塩とこしょうを振り、味を調える。

鯖の味噌煮

材料（1人分）
鯖（切り身） 1切れ
砂糖 小さじ2
味噌 大さじ1
みりん 大さじ1
酒 大さじ1
水 大さじ1
おろししょうが 小さじ1

作り方

1. 鯖をサッと洗い、水気をペーパータオルで取る。
2. 耐熱容器に砂糖、味噌、みりん、酒、水、おろししょうがを入れよく混ぜ、鯖の皮を下にして入れる。
3. ふんわりとラップをして600Wのレンジで3分加熱する。
4. 裏返して再びラップをし2分ほどおく。

チーズタッカルビ

炊飯器

材料（4人分）
鶏もも肉 2枚(500g)
キャベツ 6枚
玉ねぎ 1個
さつまいも 1個
にんじん 1/2本
ピザ用チーズ 50g
刻みねぎ 適量

☆
酒 大さじ4
砂糖 大さじ1
しょうゆ 大さじ2
コチュジャン 大さじ4
ごま油 大さじ4
おろししょうが 小さじ1
一味唐辛子 小さじ1

作り方

1. 鶏肉は食べやすい大きさに切る。
2. 玉ねぎ、さつまいも、にんじん、キャベツは一口大に切る。
3. 炊飯器に☆を入れて混ぜる。
4. 鶏肉、さつまいも、にんじん、玉ねぎを加えて絡め、通常炊飯する。
5. キャベツを加えて混ぜ、ピザ用チーズをのせてチーズが溶けるまで5分ほど保温する。器に盛り、刻みねぎをちらす。

筑前煮

炊飯器

材料（4人分）
鶏もも肉　300g
こんにゃく　100g
れんこん　100g
にんじん　1/2本
しいたけ　6個
絹さや　6枚

☆
水　200ml
みりん　大さじ2
しょうゆ　大さじ2
料理酒　大さじ1
ごま油　大さじ1
砂糖　大さじ1
顆粒和風だし　大さじ1

作り方

1. しいたけの軸を落とし、こんにゃく、にんじん、れんこん、鶏ももは一口大にする。
2. 炊飯器に切った材料と☆をすべて入れ、通常炊飯する。
3. 炊きあがったら器に盛り付け、絹さやを飾る。

エビピラフ

炊飯器

材料（4人分）
米　2合
むきえび（冷凍）　200g
玉ねぎ　1/4個
にんじん　1/3本
ピーマン　1個
有塩バター　20g
コンソメ　大さじ1
塩　小さじ2/3
こしょう　適量
水　適量

作り方

1. 米は洗い、水気を切る。玉ねぎ、にんじん、ピーマンはみじん切りにする。
2. 炊飯器に米、コンソメ、塩、こしょう、水を2合の目盛りまで入れて混ぜる。
3. 米を平らにならし、むきえび、玉ねぎ、にんじんをのせて広げ、通常炊飯する。
4. 炊き上がったら、ピーマン、バターを混ぜて蓋をし保温を切る。このまま15分おく。

色で献立を考えよう

3色食品群は栄養素の働きの特徴によって、食品を赤・黄・緑という3色のイメージで分類したものです。給食の献立づくりに取り入れられていることもあり、学校で習った記憶がある人もいるかもしれません。

赤は、肉や魚、卵、大豆など、血液や筋肉のもととなる食品です。
黄は、ご飯やパン、麺類、イモ、砂糖や油など、エネルギーのもととなる食品です。
緑は、野菜全般、海藻類、キノコ、果物など、体の調子を整えるもととなる食品です。

3色食品群の赤、黄、緑の色はあくまでイメージですが、実際に食事の見た目をカラフルにする「5色ダイエット」や「レインボーダイエット」と呼ばれるダイエット法もあります。5色ダイエットの5色は、緑、赤、黄、白、黒で、和食で昔から大切なものとされています。またレインボーダイエットは、先ほどの5色に茶色と紫が加わった海外発祥のダイエット方法です。食事の彩りをカラフルにすると自然に栄養バランスが良くなるので私もおすすめしています。逆に、彩りが地味で栄養バランスが悪い例は、白色の炭水化物や茶色の揚げ物ばかりの食事です。野菜が少なくメタボの男性は、このような見た目の食事になりがちなので、彩りにも気をつけましょう。

食べる量は「手ばかり法」が効果的

「〇〇さえすれば（食べなければ）ほかは好きなだけ食べていい」――このようなフレーズを見かけることがありますが、鵜呑みにしてはいけません。「16時間の断食時間を空ければ、残りの8時間は何をどれだけ食べてもよい」「糖質を1日50グラム以内にすれば、タンパク質や脂質はいくら食べてもよい」など、ダイエットの手軽さをアピールしたいのはわかりますが、あまりにも雑で無責任です。偏食や生活習慣の乱れの影響で体調を崩し、痩せるどころか太りやすい体になってしまいます。

ダイエットに欠かせないのは、「バランスよく＆適正な量を食べる」ことです。

とはいえ、食事のたびにスケールで食材の重さを量り、細かくカロリー計算をするのは、現実的ではありません。そこでご紹介したいのが、手の大きさを物差しにして1食あたりの食事量を見積もる「手ばかり法」です。各食材の目安量は次のとおりです。

主食……握りこぶし1つ分の大きさ
副菜（野菜類）……生野菜の場合は両手山盛り分、加熱野菜は片手山盛り分
肉や魚……片手のひら1枚分、肉や魚の厚みも手のひらの厚さ

そのほかにも、フルーツやナッツなどのお菓子は、片手のひらに収まる量が1日分の目安です。

先ほどの**「まごわやさしい」食材を「手ばかり法」で食べる――これが健康的に痩せるための食生活の基本です。**とても簡単ですので、ぜひ毎日の食事に取り入れてください。

手ばかり法

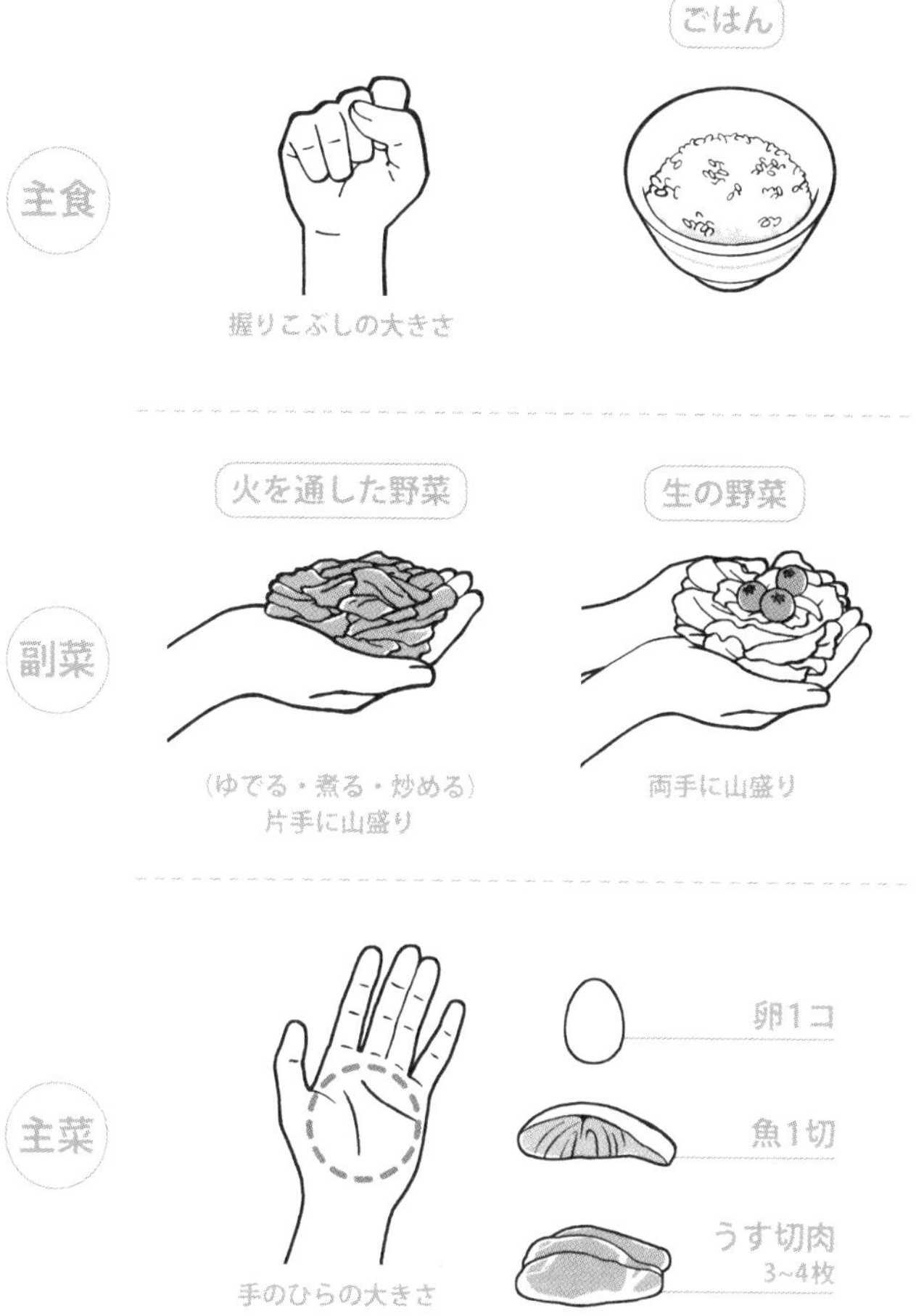

主食

ごはん

握りこぶしの大きさ

副菜

火を通した野菜

（ゆでる・煮る・炒める）
片手に山盛り

生の野菜

両手に山盛り

主菜

手のひらの大きさ

卵1コ

魚1切

うす切肉
3~4枚

ダイエットにサプリメントは必要か

よく、サプリメントは必要かと聞かれることがありますが、サプリメントはあくまで栄養補助食品です。栄養摂取の基本は毎日の食事です。食生活を整えたうえでビタミンやミネラルなどのサプリを摂るのはよいと思いますが、サプリメントを摂っていれば栄養バランスはばっちりと思ってしまうのはＮＧです。

野菜から「体に良いとされている物質」を抽出して摂取しても、効果が認められないことのほうが多いそうです。むしろ悪影響になることさえあります。

また、世の中には悪質なサプリメントも存在しています。特に、YouTubeやＳＮＳで見る広告のサプリメントには注意が必要です。「今回こそ、もしかしたら?」と安易にサプリメントを試しても、体脂肪は減らずにお金が減るだけで、健康を損なう恐れさえあります。ダイエットサプリにお金を使うよりも、その費用を野菜や海藻類、魚など食材そのものや調味料にあてるほうがずっとダイエット効果が見込めます。

現在飲んでいるサプリメントがあるのであれば、1～2週間やめて体調の変化をチェックしてみて、継続の可否を決めてみるといいでしょう。飲まなくても体調の変化がないのであれば、今ある分がなくなったら摂取をやめるのがよいと思います。

お酒が太るワケ

お酒は太る――多くの方がこのことを理解しているとは思いますが、糖質制限の流行で、蒸留酒や糖質ゼロアルコールなら太らないと思っている人もいます。ここではしっかり、お酒とダイエットの関係についてお伝えしたいと思います。

そもそも、アルコールは私たちの体にとっては害となるものです。そのため、アルコールを摂取すると肝臓は一刻も早く分解を始めます。すると、ほかに摂取したものの代謝が後まわしになり、結果、体脂肪が蓄えられやすくなります。さらに、アルコールが分解される過程で、中性脂肪の合成が高まります。そして、アルコールを代謝する際には、酵素やビタミンB1が必要となります。ビタミンB1は、糖質を体内でエネルギーに変えるために必要な栄養素ですから、アルコール分解により消費されることで、糖代謝が悪くなるのも肥満につながる要因といわれています。

また、お酒は食欲を抑制するホルモンを減少させるため、食欲が増し、カロリー摂取過多につながることがわかっています。

飲酒量を減らすには

お酒を減らす手段としておすすめなのが、3日間ほど飲酒をやめて体調や生活の変化を観察してみることです。多くの人が睡眠の質が良くなったり、疲れにくくなるのを感じることができると思います。また、朝目覚めが良くなることで、時間と心にゆとりが生まれ、ストレスが減り、痩せやすいスパイラルが生まれることも期待できるでしょう。最近の研究では、ノンアルコール飲料でも、実際にお酒を飲んだときと同じような高揚感やリラックス効果を得られることがわかっていますから、毎日の晩酌が楽しみという方は、ノンアルコール飲料や微アルコール飲料に置き換えて、少しずつ飲酒量を減らしていくのもおすすめです。

お酒は飲まないに越したことはありませんが、飲む場合は適切な量を守りましょう。

ちなみに、お酒とおつまみに関する興味深いデータがあります。デンマークで行われた調査によると、ワインを買う人は野菜や果物、鶏肉や低脂肪乳などの健康的な食品を一緒に買う傾向にあり、ビールを買う人は、ソーセージやポテトチップス、パンやマーガリンなどを買う傾向があったそうです。

お酒の量はもちろん、選ぶお酒の種類やおつまみにも注意したいものですね。

痩せるスイーツの食べ方

甘いものがやめられないという人も多いと思います。特に、午後のおやつの時間や食後のデザートが習慣になってしまうと、なかなかやめられないものです。

スナック菓子や甘いものなどによる間食が習慣になっている人は、会社のデスクや家のリビングなど常に手の届く場所にお菓子があるケースが多いです。2章でもお伝えしましたが、まずは買い置きをやめる、を徹底しましょう。もしくは、手の届きにくい場所や目に入らない場所に保管するようにしてください。

とはいっても、甘いものが欲しくなることもあるでしょう。そんなときは、果物に置き換えてみてはいかがでしょうか？「フルーツは果糖が多いから太る」と思って避けている人もいますが、これは間違いです。もちろん果物も食べ過ぎれば太りますが、果物はお菓子よりも栄養価が高く、脂質は少ないため、お菓子の置き換えとしては非常におすすめです。

また、ちょっと贅沢なおやつを選ぶのもひとつの手です。たとえば、いつもよりも高めのハーゲンダッツアイスクリームを買ってみたり、コンビニで買えるお菓子ではなく、近所のケーキ屋さんのケーキにしてみたり……。贅沢なおやつにすると、ドカ食いや、ながら食いをせず、ひとつひとつ丁寧に味わって食べることにつながるので、食べ過ぎることがなく満足度が高まります。毎日スナック菓子を食べている人は、代わりに高級なお菓子を週に1〜2回、食べるようにするのもおすすめです。いくら好物でも毎日食べるとありがたみや感動が薄れてしまうので、ときどき食べるほうが、より美味しく感じるというメリットもあります。

「糖質カットや糖類ゼロのアイスクリームやクッキーはどうですか？」――こんな質問をされる方もいるのですが、そのおやつが好きで食べたいものであれば構いません。ですが我慢しながら食べたり、「糖質オフだから食べていい」と、ストレス解消のために食べるのはやめましょう。

アメリカ・コーネル大学のロビン教授による調査で、ストレスがあると甘味を感じにくくなることがわかっています。この調査では、サッカーの試合後にスタジアムで、両チームのファンに甘酸っぱいレモンクリームドーナツを食べてもらいました。すると負けたチームのファンは酸味のほうを強く感じ、勝ったチームのファンは甘味のほうを強く感じていました。

ストレスがあるときに甘いものを食べても少量で満足できず、ドカ食いしてしまった経験がある人もいるのではないでしょうか。ストレスで甘味を感じにくくなっているので、これは自然なことともいえます。しかし、せっかく好きなものを食べるなら、より美味しく味わうほうがよいですよね。ストレスがあるときに甘いものを食べるのは、もったいない行為だといえます。

甘いものを食べたりお酒を飲んだりするのであれば、そのときは思い切り楽しんでください！ ストレス発散のために飲み食いして、しかも罪悪感を持つのは、心身の健康にもダイエットにもデメリットでしかありません。ダイエットでスイーツを禁止するのはリバウンドのもとですが、「罪悪感を持って食べること」は禁止してもよいですね。

06

痩せる生活習慣

ジム通いよりも日常生活での活動量を増やす

運動も習慣化することが大切

ここまでお伝えしてきたように、痩せるためには食事の改善が欠かせません。多くの人が特別な運動をしなくても、食生活や生活習慣を整えることで、標準的な体型になることはできると思います。

そこからさらに理想の体型に近づけるためには、運動も必要です。筋肉量は加齢によって減っていくので、体型を維持するためにも運動は大切です。

運動には、体脂肪が減少するほか、筋肉を増やしたり維持したり、ストレス解消、睡眠の質の向上などさまざまなメリットがあります。そして、運動は続けていくことが大切です。ダイエットのための運動というと、多くの人がジム通いやジョギングなどをイメージするでしょう。もし、あなたが運動好きならば、今すぐに筋トレやジョギングに取り組んでもよいですね。

しかし、特に運動が好きではない人や、運動する時間が取れない人が大半ではないでしょうか。そしてそのような人がジム通いやジョギングなどを始めても、三日坊主で終わってしまうことが多いです。

たとえジムやパーソナルトレーニングなどで痩せたとしても、運動をやめてしまえば体型は元に戻りますし、日常生活で座っている時間の長い人は、たとえ定期的にジムに通っていても肥満度が高いことが報告されています。**まずは特別な運動よりも、日常生活での活動量を増やして習慣化しましょう。**食事改善と同じように、運動も習慣化することが大切です。

１日の消費エネルギーの内訳

私たちの消費エネルギーの内訳をご存じでしょうか？

１日の消費エネルギー量は、基礎代謝量・身体活動量・食事誘発性熱産生の３つで構成されています。

基礎代謝量は安静にしていても消費するエネルギー量のことを指し、食事誘発性熱産生（DIT）は、4章でも触れたように食事をした際に消費するエネルギー量のことを指します。そして、このなかの約3割を占める身体活動量を、厚生労働省では「身体活動量＝運動＋生活活動」と示しています。

運動は、体力の維持・向上を目的として意図的に実施するスポーツや活発な趣味などを指し、生活活動は、日常生活における労働、家事、通勤などを指します。運動と生活活動の平均的な割合は、実は生活活動が9割ほどもあります。ですので、**まずは生活活動量を**

一日の消費エネルギー量

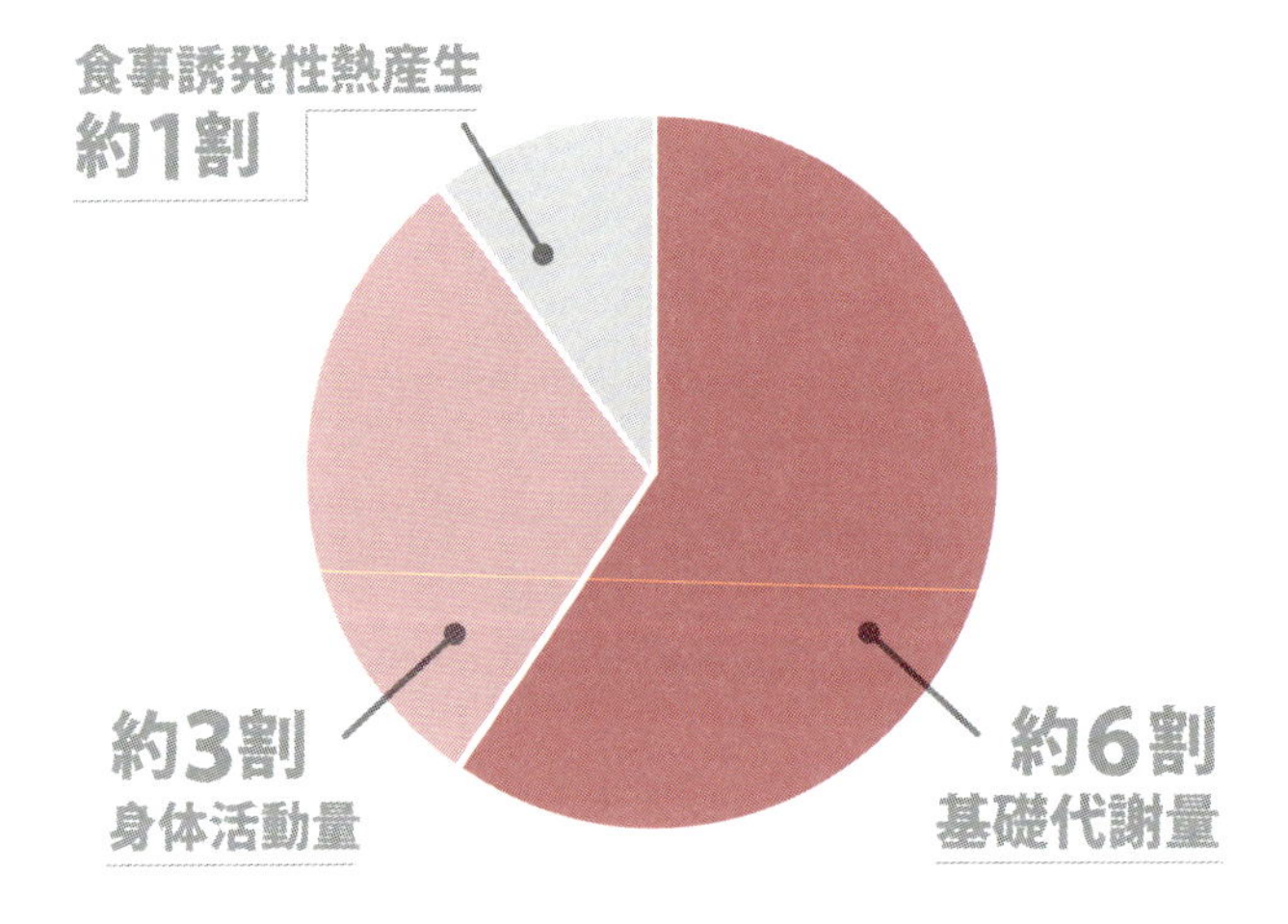

増やすことが、日々の消費エネルギー量を高めるポイントです。2章で新しい習慣を身につける際には、既存の習慣に付け足すと定着しやすいことをお伝えしました。日常生活のなかで歩く時間を増やしたり、座りっぱなしの時間を減らしたりすることなどは、新しい運動を始めるよりもずっと習慣化しやすいものです。

「1日1万歩」よりも早歩きや階段のほうが効果的

生活活動のなかで最も意識したいのが「歩くこと」です。

新型コロナウイルスの影響でリモートワークが増えたことで、歩数が大幅に減っている人も多いでしょう。歩数を増やすためのツールとしておすすめなのが、歩くことでポイントが貯まるアプリです。私もいくつか試し、「楽天ヘルスケア」と「ANA Pocket」は今でも使いつづけています。

2023年5月に発表された、厚生労働省が展開している「健康日本21（第三次）」では、1日の平均歩数の目標を20～64歳は8000歩、65歳以上は6000歩としています。

もちろん歩数も大切なのですが、ダイエットや健康のために意識してほしいのが**「速く歩くこと」**です。

東京都健康長寿医療センター研究所の青柳幸利さんの研究によると、「1日8000歩でそのうち20分は早歩き」を実践している人は、糖尿病や高血圧症などの発症率が、身体活動の低い人に比べて圧倒的に低いことがわかりました。ポイントは、「なんとか会話ができる程度の速さで20分歩くこと」です。

ちなみに、20分という時間は細切れでもOKです。実際**「不定期のジム通いよりも、毎日の階段のほうが減量効果が高い」**というアメリカ・ユタ大学の研究報告もあります。まとまった時間が取れなくても、普段から早歩きなどを習慣にしてしまえばダイエット効果はより高まるでしょう。特に、階段の上り下りは早歩き以上の運動強度がありますから、エレベーターやエスカレーターよりも階段を選ぶのは本当におすすめです。また、坂道を歩くことでも運動強度が高くなるので、ウォーキングの際に坂道があるコースを選ぶのもいいでしょう。これからは、自宅やオフィスなどの周りの環境をジムだととらえてみるといいですね。

座っている時間が長い人は要注意

1時間座りつづけると寿命が22分縮まる――オーストラリア・クイーンズランド大学の調査でこのような衝撃的な報告があります。また、運動習慣の有無にかかわらず、テレビの視聴時間が長いと2型糖尿病が多いことを明らかにしたアメリカの研究報告もあります。ＷＨＯも喫煙やアルコールと同じくらいに、座り過ぎが、がんや糖尿病などの疾患を引き起こすリスクがあると指摘しています。原因は血流が悪くなるためで、日常生活でもエコノミークラス症候群のような状態になってしまうということです。

デスクワーク中などは、30分に一度のペースで立ち上がり少し動くのが理想です。少なくとも1時間に1回は立ち上がることを意識しましょう。始めのうちは、スマホなどのアラーム機能を使うのもおすすめです。

また近年は、スタンディングデスクを導入する取り組みが広がっています。会議を立った状態で行うことや、歩きながら行うウォーキングミーティングは、健康のためだけでなく創造性を高めるのにも良いとされています。

スタンディングデスクは、電動で高さが変わる本格的なものでなくても構いません。在宅ワークの人であれば、段ボールや台などを積み重ねてスタンディングデスク代わりにすることも可能で、私もそのようにしています。取り入れる場合は、最初から1日中ずっと立っていると体に不具合が起こる恐れもあるので、まずは短時間だけ使うようにしましょう。そして体調に悪影響がなければ、徐々に時間を長くするとよいですね。

座っているときも立っているときも、長時間同じ姿勢を続けるのは良くないことです。仕事に差し支えない範囲で体を動かす意識をしていきましょう。昔は行儀が悪いとされていた貧乏ゆすりは、むくみの解消、手足の冷えの解消、ストレスの発散など、さまざまな健康効果があることがわかってきました。国立長寿医療研究センターの調査では、貧乏ゆすりを続けると血行が良くなり、たった5分で体温が平均2度近くも上昇したそうです。

立っているときであれば、かかとの上げ下げをしたり、片脚で立ったりするのも消費カロリーの増加や血流アップにつながります。家でスマートフォンを使うときも、椅子に座ったりソファーに寝転がったりした体勢ではなく、立った状態で見るようにするのもおすすめです。

姿勢を整えるだけでも代謝はアップする

猫背や反り腰、背もたれに寄りかかり過ぎるなど姿勢が悪い状態は、代謝を下げて脂肪を溜め込みやすくします。仕事などで座る時間を減らせない場合は、姿勢を改善して少しでも痩せやすい生活習慣に変えていきましょう。

猫背を防ぐためには、椅子やパソコンの高さを調節するとよいですね。前かがみにならず自然と背筋が伸びて、目線がやや下を向く高さに調節しましょう。また、椅子に浅く座り過ぎると、骨盤が前傾して反り腰になりやすいので気をつけましょう。反り腰は、腰痛のリスクが高まります。

さらに代謝を上げるのならば、両膝を閉じ、両足のかかともくっつけるようにして内ももを意識するのもおすすめです。座りながら、かかとやつま先を上げ下げするのもよいでしょう。

理想的な立ち姿勢は、横から見て、耳の穴、肩、外くるぶしが一直線になっている状態です。頭上からひもで釣られているようなイメージで背筋を伸ばすよう心がけましょう。

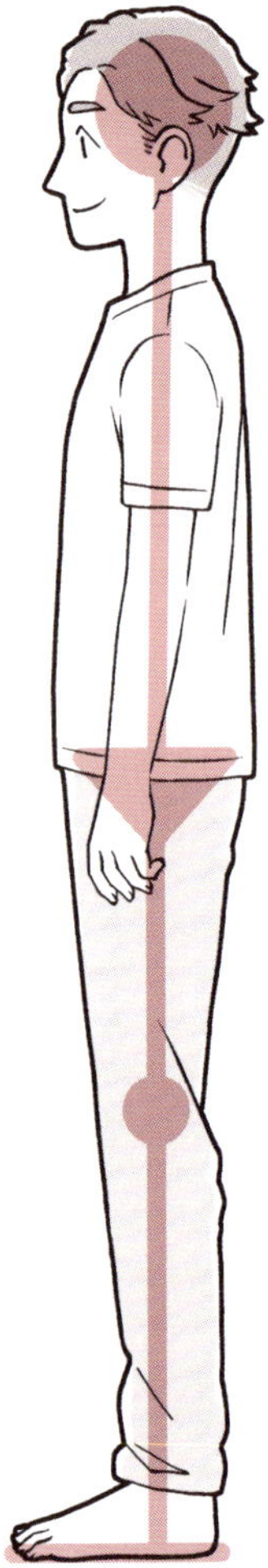

最近は、スマートフォンを使うときに、猫背で顔が前に出る姿勢になっている人が非常に多いです。良い姿勢にするためには、スマホが目線よりやや低い位置にくるように持つのがポイントです。スマホを持っていないほうの手を、スマホを持っている腕と体の間に挟むと、姿勢をラクに維持できます。

これまでの姿勢の癖を正すことは、最初は時間がかかりますし、違和感があると思いますが、気づいたら意識することをくり返していけば、次第に定着していきます。モデルや俳優などが「体型維持のために何かやっていますか？」と聞かれたときに「何もしていない」と言うのは、このような正しい姿勢や自然と腹筋や背筋を使った立ち姿が定着しているからです。訓練すれば必ず変わっていきますし、正しい姿勢は一生ものの財産になります。

呼吸も運動の一部

深い呼吸はエネルギー消費量を増やし、代謝を活発にする効果があります。深い呼吸をくり返すと、体が熱くなってくるのを実感できると思います。

そもそも呼吸は、横隔膜や肋間筋、腹横筋など呼吸筋といわれるお腹の深層部の筋肉で肺を動かして行われます。私たちは一日に約2万～2万5千回もの呼吸をしているので、運動する時間がないという人は、普段の呼吸を深いものにするだけでもちょっとした運動になります。パソコンやスマホを見ながら、家事をしながら、テレビを見ながら……など日常生活のなかで深い呼吸を意識するといいですね。

呼吸でダイエット効果を引き出すポイントは、

①鼻から吸うこと

②息を吐き切ること

この2点です。

①については、鼻から吸うと空気が口腔より狭い鼻腔を通るので、呼吸筋がより使われて消費エネルギーが増えるためです。吐くのは口からでも構いません。②については、無意識の呼吸だと息を吸うときには筋肉を使いますが、吐くときは筋肉を緩めるだけで呼気が外に出ていくので筋肉が使われないためです。意識的に長く吐き切ることで呼吸筋を鍛えることにつながります。

さらに、この2つのポイントを押さえた呼吸法としてお伝えしたいのが「4・4・8呼吸法」です。4秒カウントで息を吸い、次の4秒で息を止めます。最後に8秒かけて息を吐き切ります。吸う際には手をお腹に当てて、お腹が膨らむのを意識しましょう。途中で4秒止めることで全身に酸素が行き渡りやすくなります。これはメジャーリーガーなどのトレーニングにも導入されている方法で、リラックス効果も期待できます。仕事で緊張を感じたときなど日常的に取り入れるとパフォーマンスアップにもつながります。

生活活動が整ってきたら運動も

運動には、体脂肪の減少や筋肉を増やしたり維持したりする効果のほかにも、ストレス解消、睡眠の質の向上などさまざまなメリットがあります。また、筋肉量は加齢によって減っていきます。年齢を重ねても元気でいるためには、筋肉量を保つこと、筋肉の減少ペースを緩めることが必要です。これを機に運動の習慣を身につけていってはいかがでしょうか？　まずは、「スクワットを1日1回以上する」「腕立て伏せを1回以上やる」「1日1分以上走る」など、簡単な目標を立てて実践してみるのがおすすめです。ジムなどに通うのは、それからでも遅くありません。

この章の後に、筋トレや有酸素運動に関するコラムがありますので、食生活や生活活動が身についた方や、ボディメイクをしたい方はそちらも参考にしてみてください。

エスカレーターやエレベーターはなるべく使わない

階段の上り下りは運動強度が高く、不定期のジム通いより減量効果があります。

早歩きと普通歩きをくり返す

早歩きを1～3分、普通歩きを1～3分をくり返すのが効果的です。早歩きは少し息が弾む程度を目安にしましょう。

背筋を伸ばして片足立ちで10秒キープ

床から数センチ足を上げるだけで、足腰のトレーニングになります。慣れてきたら秒数を増やしていきましょう。

かかとの上げ下げ30回を3セット

ふくらはぎの筋肉は「第二の心臓」ともいわれるほど血液循環のために重要な筋肉です。動かすことでむくみ防止にもなります。

肩甲骨を寄せるように10回後ろに回す

肩甲骨まわりには脂肪燃焼を促進する細胞があるため、肩甲骨を動かすことで基礎代謝量のアップが期待できます。

鼻で吸ってゆっくり吐き切る

4秒かけて鼻で息を吸い、4秒息を止めて、8秒かけて吐きます。口よりも鼻のほうが吸いにくいので、消費エネルギーが上がります。

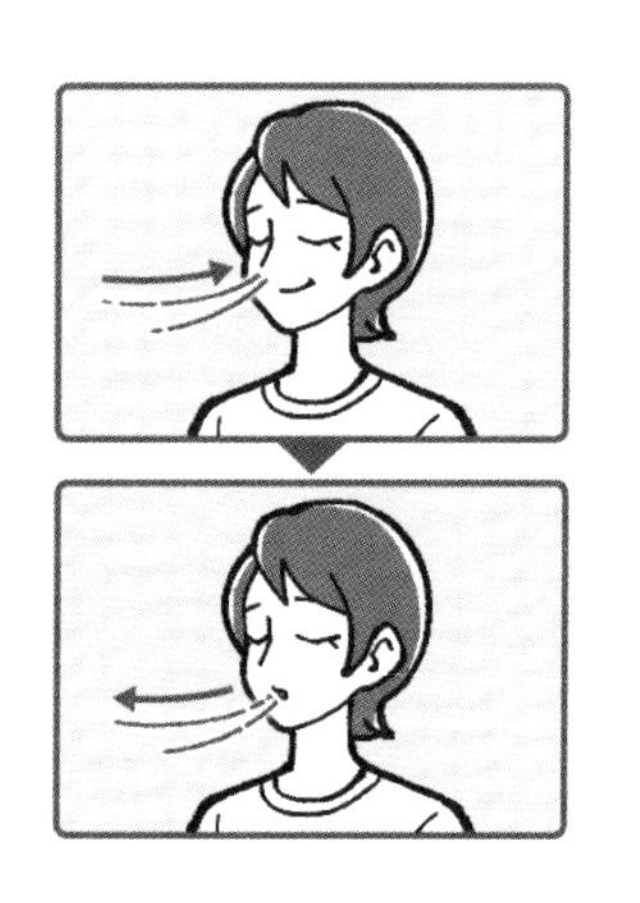

7秒間両膝を押し合う×3セット

背筋を伸ばし、両膝をピタッとくっつけて押し合います。お互いを押す力により内腿に負荷が加わり鍛えられます。

30分に1回立って体を動かす

30分座りつづけると血流が70％低下するとされています。代謝が落ち、痩せにくくなるので定期的に体を動かしましょう。

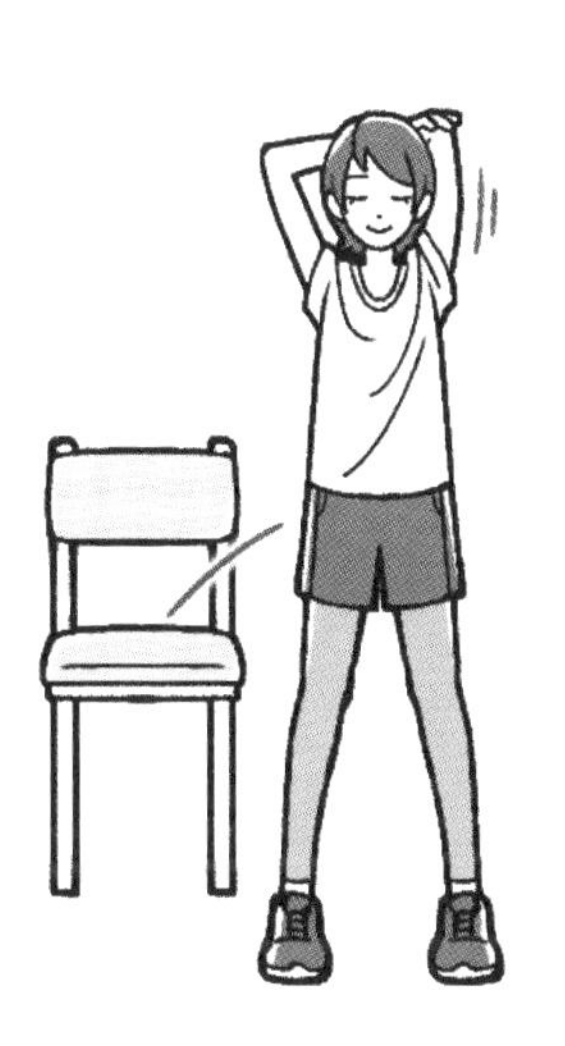

つま先の上げ下げを10回

かかとを床につけたまま、つま先だけ上下させます。脛の筋トレになり、転倒防止にもつながります。

胸の前で合掌して手のひらを押し合う

大胸筋に効くトレーニングです。呼吸を止めず、自然な呼吸を意識しながら7秒間×3セット行いましょう。

痩せる睡眠習慣

睡眠不足は太る原因になる

睡眠不足は肥満を招きます。

アメリカのスタンフォード大学が２００４年に行った調査では、睡眠時間が短いと食欲を増すホルモン「グレリン」が多くなり、食欲を抑えるホルモン「レプチン」は少なくなることがわかりました。これにより糖質や脂質、塩分などを欲しやすくなるのです。深夜にポテトチップスやカップラーメンなどのジャンクフードが食べたくなるのは、自然なことといえるので、そもそも買い置きや夜更かしをしないことが大切です。加えて、睡眠時間が短いと成長ホルモンの分泌が減るため、代謝や筋肉量の減少につながります。

実際、さまざまな機関が睡眠時間と肥満の関係について調査しており、コロンビア大学が２００５年に発表した調査では、睡眠時間が短い人ほど肥満率が高いことがわかりました。7～9時間睡眠の人と比べて、肥満率は6時間睡眠が23％、5時間睡眠が50％、4時間以下の睡眠では73％も高かったそうです。下に示す睡眠時間とＢＭＩの関係を分析したデータによると、7時間前後の睡眠をとれているか否かが肥満になりやすい境目といえそうです。

さらに、同じ7時間睡眠でも、朝型生活の人のほうが痩せやすい傾向にあることもわかっています。２０２１年11月に*European Heart Journal Digital Health*誌に掲載されたイギリスの研究によると、22～23時の間に眠りにつく人は、心血管疾患を発症するリスクが最も低いとのことです。

成長ホルモンは22時から夜中の2時までが最も

睡眠時間別の平均BMI

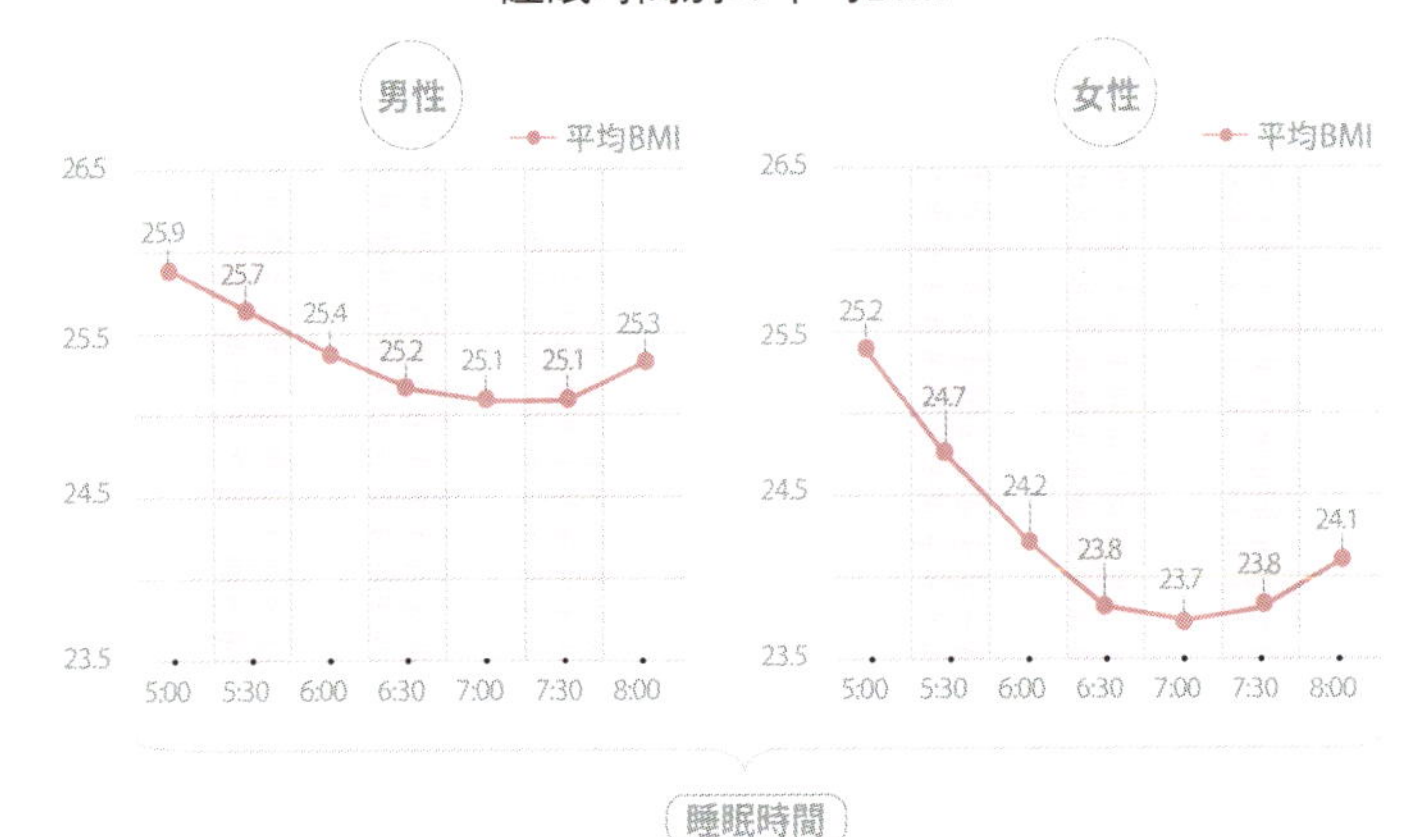

出典：ドコモ・ヘルスケア『「からだデータ」白書2018』を参考に著者作成

分泌されやすく、睡眠のゴールデンタイムといわれています。しかし、近年はこの説を否定し、「入眠して最初の3時間が成長ホルモンの分泌のために最重要」という説も広まっています。確かに最初の3時間は重要ですが、従来の説を無視して夜型生活になるのはおすすめしません。

良質な睡眠をとるための生活習慣

質の良い睡眠に欠かせないのが、睡眠ホルモンと呼ばれるメラトニンです。メラトニンの分泌は加齢とともに減るため、「若いころのように長く眠れなくなった」というのは自然な現象です。また、毎日たっぷり眠っていても睡眠の質が悪いため、日中に強い眠気を感じるという人もいます。ここでは、スムーズな眠りのための生活習慣をお伝えします。

【朝食にトリプトファン】

メラトニンの生成を促すために大切なのが、トリプトファンです。トリプトファンは必須アミノ酸の一種であり、日中は脳内でセロトニンに変化し、夜になると睡眠を促すメラトニンに変化します。

トリプトファンが多く含まれている食材は、主に大豆製品、乳製品、穀類などです。ほかにも、肉、魚、ごま、ピーナッツ、卵、バナナなどにも含まれています。結局は品数を多くして、バランスを良くすることが大切で、パンとコーヒーだけや朝食抜きは睡眠の観点からもNGということです。

【日中に太陽の光を浴びる】

メラトニンは、朝日を浴びた14~16時間後に分泌されて眠気を誘います。つまり、スムーズな入眠はその日の朝の過ごし方から始まっているともいえるのです。できるだけ朝早い時間帯や午前中のうちに日の光を浴びておきましょう。通勤時には太陽の光を浴びるように歩く場所を意識したり、朝食を日当たりの良い場所で食べたりするのもよいですね。

日光を直接浴びると体内でビタミンDが生成されますが、セロトニンに関してはガラス越しに日光を浴びたり、曇りの日に屋外へ出たりすることでも分泌されます。事実、奈良県立医科大学の研究では、「朝に限らず日中に明るい光を浴びるほど夜間のメラトニン分泌量が多い」という報告があります。

【入浴は眠る60分～90分前】

体温が下がると人は眠気を感じます。この生体反応を利用して入浴時間を設定すると、スムーズに眠りにつくことができるようになります。お風呂で上がった体温は1時間から1時間半ほどかけて下がっていくので、ベッドに入る1時間から1時間半ほど前に入浴を済ませておきましょう。また、熱すぎる湯温は交感神経を活性化させ目が冴えてしまう原因になるため、38～40度が適温だとされています。

なお、深部体温を上げるために、シャワーだけで済ませるのではなく、できるだけ湯船に浸かるようにしましょう。

【眠るときは真っ暗がおすすめ】

米国国立衛生研究所の調査によると、睡眠中の明るさと肥満には相関関係があることがわかりました。室内の照明かテレビをつけて寝ていた人は、5年の間に体重が5キロ増える確率が17％高くなっていました。また、ＢＭＩが25を超えるリスクは22～33％高くなりました。この要因は、寝ている間の光によってメラトニンが減り、生活のリズムが狂ってしまうことだと推測されています。

明るくないと眠れない人もいるとは思いますが、ダイエット視点で見ると明かりは消して眠るほうが得策です。テレビをつけっぱなしで寝るというのは言語道断！　と覚えておきましょう。

寝る直前のスマホは睡眠の質を下げる

寝る直前までスマホを見るのは、睡眠の質を下げるＮＧ行為です。

近年はYouTubeやNetflixなどの動画をスマートフォンで見る人が増えています。ＳＮＳはもちろんですが、ゲームもスマホでやることが増えました。

厚生労働省による「健康づくりのための睡眠指針２０１４」では、寝床に入ってから携帯電話を使うことについて注意喚起しています。寝る直前までスマホを使うことは、睡眠時間が短くなるだけでなく睡眠の質も下げるので、痩せたければやめましょう。

医療機器大手フィリップスによる調査では、84%の人が寝床にスマホを持ち込んでいるとのことで、少なくとも就寝の30分前からは電子機器を使用しないことを推奨しています。ついスマホを見てしまうという方は、寝る30分前になったらリビングでスマホを充電するなど、寝室に持ち込まない工夫をしましょう。

また、夕方以降にスマホやパソコンを使う場合は、夜間モード（ダークモード）に切り替えるのもおすすめです。夜間に強い光を浴びると脳が覚醒して、就寝モードに入りにくくなります。照明に関しても同様で、家の蛍光灯などが明るさの調節ができるタイプなら、夕方以降は照度を落としましょう。間接照明を取り入れるのもよいですね。

ストレス太りを防ぐ生活習慣

ストレスは肥満のもと

ストレス太りという言葉があるとおり、ストレスと肥満には深い関係があります。近年では、コロナ太りという言葉も流行りましたが、原因は運動不足だけではありません。イベントや外出の自粛、マスク着用などさまざまなストレスが大きな要因です。東洋医学で使われている心身一如（しんしんいちにょ）という言葉のとおり、心と体はつながっていて互いに影響を及ぼしています。また、WHOもストレスのことを「21世紀の流行り病」などと言い、注意喚起しています。

ストレスで太る仕組みには、コルチゾールというホルモンが大きく関わっています。スコットランドで行われた調査によれば、コルチゾールの分泌量はBMIやウエストサイズと強い相関関係にあることがわかりました。体重の多い人ほど、コルチゾールの分泌量も多く、特に腹部に脂肪が蓄積することも判明しています。

コルチゾールは心身がストレスを受けると副腎皮質から分泌されるので、「ストレスホルモン」とも呼ばれています。このように聞くと、コルチゾールは悪者だと思うかもしれませんが、元来、生物が身を守るために必要なホルモンです。動物が命の危機に遭遇すると、戦うか逃げるかのどちらかをする必要が出てきます。するとコルチゾールが分泌されて、肝臓で糖を作り血糖値を上げます。そして、戦うにしても逃げるにしても拍動を速め、筋肉や脳などの血流を増やし生き延びやすくなります。

私たちも仕事のプレゼンや面接などでは「心拍数が上がる、胃がキュッとなる、手に汗をかく」などの反応が起きます。これは、急性のストレスが発生したときに起こる正常な反応です。そして、危機を回避すると通常の状態に戻り、副交感神経の働きにより、ホッと落ち着いて無性にお腹が空いてきます。大きな仕事を終えた後に食欲が増す経験は、多くの人がしていると思います。

もちろん、すべてのストレスが悪いわけではありません。適度なストレスは脳の活性化に役立ちますし、ストレスを乗り越えることで成長の機会を得たり、やりがいにつながったりすることもあります。

慢性的なストレスがダイエットを阻害する

問題なのは、慢性的なストレスによりコルチゾールが過剰に分泌されることです。コルチゾールによってインスリンも分泌されるので、消費されなかった糖は体脂肪として蓄えられやすくなります。

さらに、ストレスが長期間にわたると、コルチゾールを分泌する副腎が疲弊してしまい、副腎疲労症候群と呼ばれる状態になることもあります。副腎は50種類以上のホルモンを産生・分泌している臓器なので、副腎疲弊は体調不良や病気につながってしまいます。

現代は、仕事が多忙なことや、オン・オフの切り替えがうまくできないことで、常にストレスにさらされている人が増えています。2014年に発表された厚生労働省による「健康意識に関する調査」では、不安や悩みを「いつも感じる」人と「ときどき感じる」人の割合は合わせて70・2％もいましたが、「全く感じない」人はわずか4・1％でした。

私がダイエット指導をしていてオン・オフの切り替えができていないと感じる人は、パソコンで仕事をしながら昼食を摂っている人です。食事をすると本来は副交感神経が働きリラックスできるのですが、仕事をしながらのランチだとリラックスできず、慢性的なストレスにつながってしまいます。

また、慢性的なストレスが続くと、脳の理性を司る部分よりも感情を司る部分が優位になって、食欲が暴発するリスクが増えます。さらに、ストレスによって自律神経が乱れることでも、代謝の低下や体脂肪の蓄積などにつながります。

ポジティブに解釈する習慣を身につける

では、ストレスにはどう対処したらいいのでしょうか？　ストレス管理は、ストレスを溜めないことと、うまく発散することの2つに分けて考えると対策しやすくなります。

ストレスを溜めないためにおすすめなのが、物事をポジティブに解釈する習慣です。姿勢や歩き方など体の使い方に癖があるように、思考にも癖があります。

ネガティブ思考の癖が強い人でも、ポジティブに解釈するのをくり返すことで思考の癖が変わっていきます。ポジティブに解釈する習慣を身につける方法を2つ紹介します。

一つ目は、**自分自身への問いかけ（セルフクエスチョン）を活用すること**です。ネガティブにとらえる癖がある人は、嫌な出来事があったときに「ポジティブな側面は？」「この出来事から学べることは何か？」などと自分に問いかけてみてください。

ダイエットでありがちな例を紹介します。上司が高カロリーなスイーツを職場の全員に配り、その場で食べざるを得ない状況になったら、どのように思うでしょうか？「ダイエット中なのに余計なことを！　せっかく最近はスイーツを我慢していたのに！」などと思って、罪悪感を持ちながら食べる人も多いのではないでしょうか？　これはＤＩＴ（食事誘発性熱産生）が下がり、ストレスも溜まって太りやすくなる解釈です。「食べる代わりに、帰りに一駅分を多く歩けばよいか。最近は運動不足だったし、甘いものもしばらく食べていなかったからちょうどいいかな」というくらいに考えて、よく味わって美味しく食べると太りにくくなります。

二つ目は、**3行日記を書くこと**です。これは、その日にあった出来事から3つの良いこと（楽しかったこと、できたこと、感謝すること）を1行ずつ文章にするというものです。継続することでポジティブな側面を見つける癖や、物事をポジティブに解釈する習慣が身についてきます。慣れないうちは、3つの項目のうち1項目だけでも、ひと言だけでもいいでしょう。

ストレスを発散するためには、運動を定期的に取り入れることもおすすめです。フィンランドで行われた調査では、「週に2回以上運動している人は、ストレスや不安とほぼ無縁」という報告があります。ただ注意点は、運動嫌いな人が「痩せるために今日も運動しなければ」などと義務感を持ったり運動が激しすぎたりして、逆にストレスになってしまうことです。運動習慣がない人はストレスが増えていないか気をつけつつ、軽めで短時間の運動から始めてみるといいでしょう。

食事以外のストレス解消法を知る

ニセの食欲が出てきたときだけでなく、日常で発生するストレスの解消法も把握しておきましょう。たとえば、アメリカの大手ＩＴ企業が取り入れてから日本でも広まっているマインドフルネスも、人によってはストレス解消に効果的です。ヨガやサウナによる直接的なダイエット効果は低いですが、これらが好きでストレス解消になる人の場合は間接的に痩せる効果があるともいえます。

また、仲がいい人と他愛もない話をするだけでストレス解消になることもありますし、悩みごとを話すのもいいですね。相談できる相手がいない場合や、人に言えないような悩みの場合は紙に書くのもひとつの手です。文字にすることで客観視できて、思考が整理されスッキリするという効果があります。そして、書いた紙をゴミ箱に捨てるという方法もあります。

いくつかの例をあげましたが、特別な方法である必要はありません。一般的に趣味とされている音楽鑑賞や読書、ペットと遊ぶ、映画、カラオケ、ゲーム、お気に入りのYouTube

を見る、などでも構いません。

自分のストレス発散になることを現在いくつか把握していますか？　もし考えても思いつかない場合は今日からの生活で、あなたにとってどのようなことがストレス発散になるか、リラックスになるかを意識してみてください。あとは好奇心を持って、さまざまな新しいことにチャレンジしてみるのがおすすめです。食べること以外でのストレス解消法がわかると、一気に痩せやすくなります。

ダイエット習慣は幸せにつながる

「甘いものがやめられない」「痩せたくても食べることがやめられない」などという人は、セロトニン不足によるドーパミンの過剰分泌が原因かもしれません。海外ではセロトニン系の抗肥満薬も開発されており、セロトニンを増やすことは肥満解消につながると考えられています。

セロトニンとは、脳内で働く神経伝達物質のひとつです。感情のコントロールや神経の安定に深く関わっていることから「幸せホルモン」とも呼ばれています。

セロトニンには満腹中枢を刺激して食べ過ぎを防ぐ作用や、ストレスの影響を軽減する働きがあります。さらには便秘解消、睡眠の質の向上、低体温の改善などのダイエットに関連する効果も期待できます。

一方ドーパミンは、快楽や喜びを感じるときに分泌され、やる気や幸福感を高める作用があります。脳に「お腹が空いた、食べろ」と指令を出す摂食中枢を刺激する働きもあります。ストレスが強くかかるとドーパミンに対して耐性が生まれて、もっと強い刺激を欲するようになります。結果、甘いものやアルコール、ギャンブル、スマホなどさまざまな依存症に陥ってしまう恐れもあります。


セロトニンを増やすためのキーワードは、日光、呼吸、食事、スキンシップなどです。日光が良質な眠りのために必要であること、呼吸や食事についてもダイエットと密接に関係していることは、これまでお伝えしてきたとおりです。要するにダイエット習慣は、幸せホルモンを増やすことにつながります。

ちなみに、スキンシップについては、人や動物との物理的な触れ合いだけでなく、友人とのおしゃべりや家族団欒を楽しむなどという心の触れ合いも当てはまります。ＳＮＳ上で、同じように減量を目指すダイエット仲間を見つけたりするのもいいですね。私も「ダイエットは習慣が９割」というＬＩＮＥのオープンチャットグループを作っています。参加者のみなさんが、健康的なダイエットの習慣に関して楽しく会話をしている、とても良い場ですので、ぜひ参加してみてください。

習慣を身につけるためには、ストレスなく続けていくことが大切です。そのためには、**ストレスだと感じさせないくらいの小さな改善を積み上げていくこと**がポイントです。基本的な知識や実践すべきハウツーは、この本でお伝えしてきました。

この本を読み終えたあなたがやることは、始めること、仕組み化を考えること、工夫すること、復習すること、あきらめないこと、そして続けていくことです。

理想のボディをつくるための運動習慣

6章では、ダイエット効果が高く習慣化しやすい歩行や姿勢、呼吸に関する情報を紹介してきました。これらの生活活動で良い習慣が身についてきたら、ぜひ運動も取り入れましょう。というのも、標準体型になるだけなら生活活動レベルを高めるだけでも実現できますが、より良い体型にするには運動も必要になるからです。

ここでは、多くの方が疑問に感じている、筋トレと有酸素運動の効果についてお伝えします。

筋トレは想像がつきやすいと思いますが、有酸素運動とは、ウォーキングやジョギング、水泳など、長時間継続して行う運動のことです。

筋トレと有酸素運動はどちらがいいのか

「筋トレと有酸素運動は、どちらが良いですか？」——この問いの答えについては、あなたが目標とする体型によって選ぶのがおすすめです。

というのも、どんな体型を目指すかによって適した運動は変わってくるからです。１００ｍ走のスプリンターとマラソン選手の体型をイメージしてみてください。**スプリンターのような筋肉質の体型を目指すのであれば、筋トレを優先的に行うとよいですし、マラソン選手のような細身の体型を目指すなら、有酸素運動を優先するのが近道です。**３章で考えた理想の体型は、どんな運動をするかの指針にもなるのです。

また「筋トレと有酸素運動を連続でやる場合は、どっちを先にやるのがよいですか？」という質問もよく受けます。**ダイエット目的であれば、筋トレを先にするのがおすすめです。**理由は、最初に筋トレをしておくと、有酸素運動を始めるときに体脂肪がエネルギーとして使われやすい状態になっているからです。筋トレのような無酸素運動の後は、酸素の摂取量が増えるため、代謝の高い状態（アフターバーン効果）が続きます。この状態は運動強度や運動の長さによって変わりますが、24時間以上続くこともあるとされています。多くのパーソナルジムが筋トレを導入しているのは、筋トレが時間効果に優れた運動だからです。

さらに筋トレは、ピンポイントで特定の筋肉を鍛えることができるので、ボディメイク要素も期待できます。

筋肉をつければ代謝のいい体が手に入る？

よく「筋肉をつけて基礎代謝を上げ、太りにくい体にしたい」という話を聞きますが、2〜3ヶ月程度でできることではありません。数年単位でコツコツと取り組むことでやっと実現できることです。そしてその代謝を維持するには、その生活をずっと継続する必要があります。

また、「筋肉を一旦つければ、筋トレをやめても筋肉量を保てる」と思っている人がいますが、これも間違いです。

アスリートが引き締まった身体を維持しているのは、日々のトレーニングを欠かさないからです。学生時代にスポーツをしていて身体が引き締まっていたのに、社会人になった途端、太り出してしまったということはよくあります。ダイエット目的で1時間の筋トレを週3回やって筋肉をつけたら、それを保つには同程度の筋トレをやりつづける必要があります。筋トレの技術が上がれば、頻度が多少減っても体型を維持できますが、限界はあるでしょう。

腹筋を頑張ってもお腹痩せはしない

お腹周りの脂肪を減らそうと腹筋ばかりやる人がいますが、そもそも私たちの身体は部分痩せしません。ですが、内臓脂肪は皮下脂肪より先に減るので、内臓脂肪が多い人が腹筋を頑張ると「お腹から痩せた」と思うかもしれません。ただしこの現象は、ほかの運動や食事改善だけでも起きることです。

ピンポイントで狙った部分の脂肪を減らすことはできないので、結局は消費カロリーを増やすことが、ダイエットの近道です。

消費カロリーを効率よく増やすには、大きな筋肉を使いましょう。

全身の筋肉のうち6～7割を下半身が占め、特に太ももやお尻は大きな筋肉です。ダイエット効果を期待するのなら、腹筋よりもスクワットのほうが効率的です。スクワットが「キングオブトレーニング」と呼ばれるのはこのためです。一方、上半身で大きな筋肉があるのは、胸や背中、肩周りです。腕立て伏せは上半身の筋肉をバランスよく鍛えることのできる運動だといえるでしょう。筋肉は全身をバランスよく鍛えることが大切なので、大きな筋肉を優先しつつ腹筋も鍛えるといいですね。

ダイエット効果を高める筋トレとは

スクワットや腕立て伏せ、腹筋など自宅でのトレーニングだけでも、適切にやれば筋肉が増えてメリハリのある体型になることができます。

ときどき「スクワットを毎日、連続50回やっている」などという人がいます。筋力維持が目的ならよいですが、余力があるような状態での高回数トレーニングは、ダイエット目的となるともったいないやり方です。

ダイエット効果をより高めるには、10～15回くらいでできなくなる運動強度で行うといいでしょう。たとえばスクワットなら、おもりを持つ、より深くしゃがむ、ゆっくり動く、片脚でやる、などで運動強度を高めることができます。すると筋力アップやアフターバーン効果が高まり、ダイエットにつながります。

また、2秒に1回スクワットをするというように、一定のペースで限界までやるというやり方や、「1分間で何回までできるか？」というやり方もおすすめです。

筋トレは、少しずつ回数を増やしたり強度を高めたりすることが大切です。食事内容や体重などとともに、筋トレの種目名や回数、セット数などもレコーディングしておきましょう。そして、少しずつでも自己記録の更新を目指していくと、成長も実感できて習慣化にもつながりやすくなります。

有酸素運動は20分以上やらないと無意味？

有酸素運動は、ウォーキングやジョギングなど気軽に始めやすく、健康効果やリフレッシュ効果、心肺機能を高める効果に優れている運動です。

「有酸素運動は20分以上やらないと脂肪が燃えないので意味がない」という話がありますが、これは間違った情報です。正しい言い方をすると「有酸素運動を開始して約20分経つと、糖質より脂肪が使われる割合が多くなる」ということです。ですから、数分のランニングだけでも無意味ではありません。

なお、体重を早く減らしたいからと有酸素運動をやり過ぎると、体脂肪だけでなく筋肉も減ってしまう恐れがあるので注意が必要です。特にランニングが嫌いな人が、ダイエット目的で必死に頑張って走るのはおすすめしません。ストレスが溜まったり自律神経が乱れたりして食欲が増し、かえって痩せにくくなる恐れがあります。

ところで、ランニングモラルハザードという言葉をご存じでしょうか？

「今日はランニングをしたから、いつもより多めにご飯を食べても大丈夫でしょ！」というような心理状態を表す言葉ですが、ランニングに限らず運動全般に当てはまることです。日常的に運動をしていても痩せない人は、ランニングモラルハザードに陥っているかもしれません！

マラソンランナー体型を目指す人や走ることが大好きな人、マラソン大会に参加する人でもなければ、一度のランニングは30分程度までにしておきましょう。もっと運動する場合はランニングの時間を延ばすよりも、筋トレの時間を増やすほうが効率の良いダイエットになり、健康効果も高くなります。

あとがき

ここまでダイエットの習慣に関する数多くの情報をお伝えしてきました。健康的に痩せてリバウンドしないためには、身につけたい習慣がいくつもあるのです。過去に流行った多くの「〇〇だけダイエット」では上手くいかなくて当然だと、改めてわかったと思います。

そして、早く痩せたいからといって、紹介したことすべてを一気にやる必要はありません。生活が急変すると心身への負担が大きくなってしまうので、ひとつひとつの習慣をゆっくりと着実に身につけていきましょう。ただ体重の数値を減らそうとするのではなく、筋肉を減らさずに体脂肪を減らすことや見た目の体型を変えること、そして健康状態が良くなることのほうがずっと大切です。**ダイエットは一時的なイベントではなく、一生続く生活習慣です。**

紹介してきた様々な習慣は再現性や汎用性が高いものばかりですが、それでもすべての項目が全員に100％当てはまるわけではありません。人によって趣味嗜好や仕事・家庭の環境などが違うからです。ですので、本書で紹介した習慣をベースにして、あなたにとって最適なトリセツ（取扱説明書）を作るつもりで日々のダイエットに取り組みましょう。あなたの状況や目的に応じて必要な、オリジナルの習慣や仕組み化も考えてみるとよいですね。そうすることであなただけのトリセツの完成度が高まっていき、理想体型を生涯にわたって保つことにつながります。

また、せっかくダイエットの正しい知識を得ても、実践しなければ宝の持ち腐れです。行動することの大切さがわかる海外の逸話を紹介します。ある青年は親の手術のために大金が必要になったので、教会に通って「神様！　どうか宝くじを当ててください！」と熱心に毎日何度もお祈りをしていました。神様は「青年よ。宝くじを当ててあげるから、どうか宝くじを買ってくれ」と祈っていました、という話です。

ダイエットにおいても、せっかく痩せる方法を学んでも、行動しなければ体型は何も変わりません。そして行動は長く継続して、習慣化することが大切です。習慣が定着してくると「ダイエットをしている」という意識がなくなってきます。これも歯磨きと同じことです。また女優やモデルがときどき「体型維持のために特別なことは何もしていない」などと話していますが、本人にとっては特別なことではなく習慣化されている日常だということです。この状態になると痩せたままでいられる習慣が身につき、ダイエットの卒業といえます。習慣が定着すれば、痩せたいというモチベーションが下がってもリバウンドすることはありません。

本を1度読んだだけですべてを理解し、実践して継続できるという人は極めて稀です。また、読書はその時々の読み手の状況によっても、響く箇所が変わってきます。ですので、1ヶ月に1度など定期的に本書を読み直して、すでに習慣化している項目や次に習慣化したい項目を随時チェックしてみてください。1年も続ければ、多くの痩せ習慣がすっかり身につくことでしょう。今後新しく登場してくるダイエットに関しても、冷静に本質を見極められるようになります。この本があなたや、あなたの周りの大切な人たちの健康的なダイエットに長く役立つことを願っています。

最後になりましたが、この本を出版するにあたってたくさんの方に多大なご尽力をいただきました。出版社プチ・レトルの谷口代表、編集の玉村さん、タニケイさん、出版のきっかけを作ってくれた有限会社ラビット・フットの宮本さん、みちのく出版セミナーを企画・主催してくれた松尾さん、講師の飯田さん、clubhouseのダイエット部の仲間たち、clubhouseの出版企画でアイデアを出してくれた方々、これまで私の指導を受けてくれた方々、出産前後の大変なときにも協力してくれた妻や家族に感謝しております。

そして最後まで読んでいただいた皆さま、本当にありがとうございます。本を読んだ感想や実践してみて変化したこと、オリジナルの仕組み化や習慣などをぜひ、私のSNSやブログを通じて教えてもらえると嬉しいです。私の本名である増戸聡司やダイエットポリスなどと検索するとアカウントが見つかります。私もできる限りSNSなどで多くの方と関わっていきたいと思います。

2024年10月

ダイエットポリス・増戸 聡司

各種ダウンロードページのご案内

以下のURLから、巻末に掲載している各種素材をダウンロードすることができます。また、各章で紹介した研究等の参考文献リストも掲載しています。

【ダウンロード用URL】 https://pbook.info/diet9/

【ダウンロードできる素材】

◆「ダイエットを成功させる7つの習慣」リスト
◆ダイエット習慣チェックシート
◆健康的なダイエットのための食事レコーディング用シート

ダイエットを成功させる理想の一日

- □ 起きたらカーテンを開けて太陽の光を浴びる
- □ トイレの後、体重と体脂肪率を測り記録する
- □ 朝ごはんを食べる
- □ 1日3食以上食べる（間食をするのもいい）
- □ 朝食・昼食を多めに、夕食は少なめにする
- □ 食べたもの、飲んだものを記録する
- □「まごわやさしい」を意識した食事にする
- □ カラフルな献立にする
- □ よく噛む
- □ ひと口ごとに箸を置く
- □「おかずファースト」「カーボラスト」で食べる
- □ 食べる量は「手ばかり法」でチェックする
- □ 甘いものが欲しくなったらフルーツを食べる
- □ 空腹を感じたらニセの食欲でないかをチェックする（以下を試す）
  温かい飲み物を飲む／歯を磨く／軽い運動／腹式呼吸
- □ 水をこまめに飲む
- □ ポジティブに解釈する癖をつける
- □ 早歩きや階段の上り下りを意識する
- □ デスクワーク中は30分に1度立ち上がって少し動く
- □ 猫背になっていると思ったら姿勢を整える
- □ 深い呼吸を意識する
- □ 眠る90分前を目安にお風呂に入る
- □ 夜はスマホを夜間モードに切り替える
- □ 眠るときは真っ暗にする

習慣2　食べる順番や食べ方を工夫する

① おかずファースト&カーボラスト（p92）
② よく噛んで食べる（p86）
③ ながら食べをしない（p88）
④ 一口ごとに箸を置く（p88）

習慣3　「まごわやさしい」食事で栄養バランスを整える

① 毎日「まごわやさしい」の食材を食べる（p132）
② 献立は彩りを意識する（p144）
③ 特に海藻・野菜・魚・キノコを意識して食べる（p132）
④ 手ばかり法で適切な量を食べる（p145）

「ダイエットを成功させる7つの習慣」リスト

習慣0　始める前に4つの鉄板ルールを含む目標設定をする

以下の4点を考え、目標を書く。できるだけいつも目に入るところに貼ったり、持ち歩く手帳に書いたりして、たびたび見直す（p76の目標設定ワークシートも活用しよう）。

①「何のためにダイエットをするのか？」を明確にする（p62）
② 健康的に痩せられる目標を設定する（p66）
③ 体重だけでなく、習慣を変えることも目標にする（p71）
④ 中・長期的な目標も考える（p73）

習慣1　毎日レコーディングをする

以下の3点を毎日記録する。スマホのメモ機能に残しておくと、後から検索もできる。手書きのメモでもOK！（p78）

① 飲み食いしたものすべて
② 体重＆体脂肪率
③ 体調の変化

習慣6　睡眠・ストレス・水分補給の「3S」を管理する

① 睡眠の質を上げ、睡眠時間を確保する（p173）
② ストレスをうまくコントロールする（p180）
③ こまめに水分補給をする（p96）

習慣7　日常に無理なく運動習慣を取り入れる

① 階段・歩行・自転車を優先する（p159）
② 座る時間を減らす（p161）
③ 姿勢を意識する（p163）
④ 呼吸を意識する（p165）

習慣4　三大栄養素の質と適切な摂取量を意識して食べる

① 糖質は摂り過ぎも摂らな過ぎもよくない (p121)
② タンパク質はしっかり摂る (p116)
③ 脂質は良いものを摂る。摂り過ぎないように注意 (p118)

習慣5　3食の割合と時間を意識する

① 3食の割合は夕食を最も少なくする (p105)
② 朝食は抜かずタンパク質や食物繊維をしっかり摂る (p102)
③ 夕食の時間が遅い場合は、午後〜夕方に間食を摂り、その分夕食の量を減らす (p104)

習慣6			習慣7		振り返り
睡眠	ストレス管理	水分補給	階段・歩行	姿勢・呼吸	

ダイエット習慣チェックシート

7つの習慣			習慣1	習慣2	習慣3	習慣4	習慣5
日にち	体重(kg)	体脂肪率(%)	記録	食べ順・食べ方	まごわやさしい	三大栄養素	3食の割合と時間
/							
/							
/							
/							
/							
/							
/							
/							
/							
/							
/							
/							
/							
/							
/							

習慣6			習慣7		振り返り
睡眠	ストレス管理	水分補給	階段・歩行	姿勢・呼吸	

7つの習慣			習慣1	習慣2	習慣3	習慣4	習慣5
日にち	体重(kg)	体脂肪率(%)	記録	食べ順・食べ方	まごわやさしい	三大栄養素	3食の割合と時間
／							
／							
／							
／							
／							
／							
／							
／							
／							
／							
／							
／							
／							
／							
／							
／							

1週間で「まごわやさしい」がバランスよく摂れる献立

次のページからは、1週間で「まごわやさしい」がバランスよく摂れる献立の例を紹介します。朝食、昼食、夕食それぞれの献立と、食材の例も記載しました。また、イラストの下の丸印「まごわやさしい」を見れば、この献立から摂れる「まごわやさしい」がわかるようになっています。色がついているものは、その献立でカバーできている、ということです。

この献立は、1日で「まごわやさしい」をすべて網羅するためのものではありません。1日ですべて摂らなくては、と思うと自分に厳しくなりすぎてしまったり、レシピを考えるのが難しくなって嫌になってしまうかもしれません。ですから、1週間でバランスよく「まごわやさしい」を摂ることを意識すればOKです。

献立に記載している食材も、冷蔵庫にあるものやスーパーで安かったもの、旬の食材など、ご自身の生活に合わせて適宜変更していただいて構いません。あまり完璧主義にはならず、食事をすることを楽しんでくださいね。

1日目

朝食

納豆ご飯
鮭の塩焼き
味噌汁
（大根／キャベツ）
ナムル
（小松菜／もやし／にんじん）

まごわやさしい

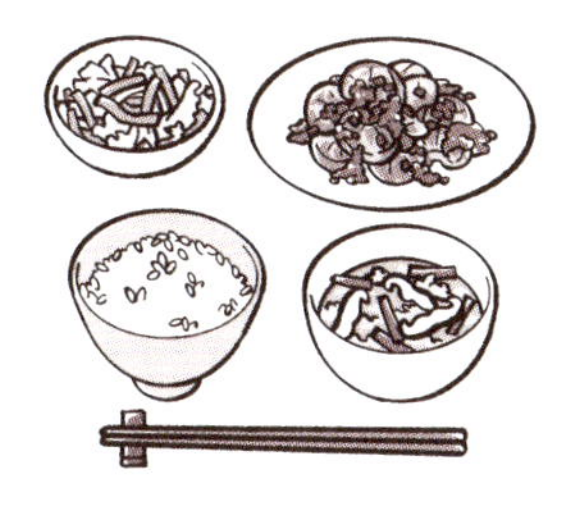

昼食

白米
エビチリ
（エビ／ねぎ）
中華スープ
（にんじん／しいたけ／卵）
中華サラダ
（レタス／きゅうり／クラゲ）

まごわやさしい

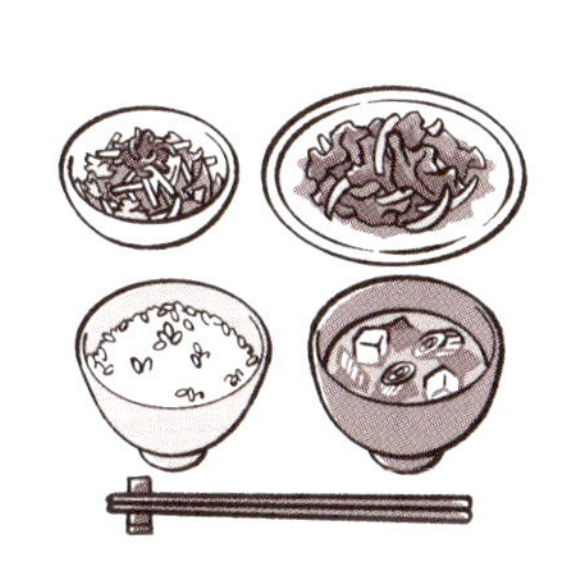

夕食

白米
生姜焼き
（豚ロース／玉ねぎ）
味噌汁
（わかめ／ねぎ／豆腐）
サラダ
（水菜／大根／ツナ缶／塩昆布）

まごわやさしい

2日目

まごわやさしい

朝食

おにぎり
（わかめ）
卵焼き
豚汁
（豚こま／大根／にんじん／ごぼう／ねぎ）
おひたし
（ほうれん草／しらす／ごま）

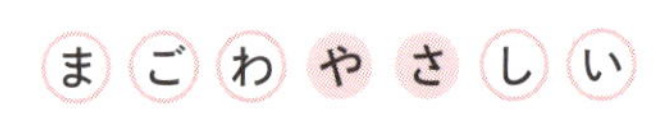

昼食

パスタ
（鯖缶／トマト）
サラダ
（レタス／にんじん／玉ねぎ）

夕食

白米
鶏の梅ポン酢炒め
（鶏むね／梅／大葉）
味噌汁
（豆腐／小松菜／しめじ）
ナムル
（トマト／ほうれん草／みょうが）

3日目

朝食

トースト
（ほうれん草／ベーコン／卵）
ミネストローネ
（にんじん／玉ねぎ／煮豆／キャベツ／じゃがいも）
マリネ
（しめじ／えのき）

ま　ご　わ　や　さ　し　い

昼食

パスタ
（オクラ／納豆／海苔）
大根の梅和え
（大根／梅／かつお節）

ま　ご　わ　や　さ　し　い

夕食

白米
つくね
（鶏ひき肉／玉ねぎ）
味噌汁
（ナス／油揚げ／みょうが／ねぎ）
ナムル
（トマト／大葉）

ま　ご　わ　や　さ　し　い

4日目

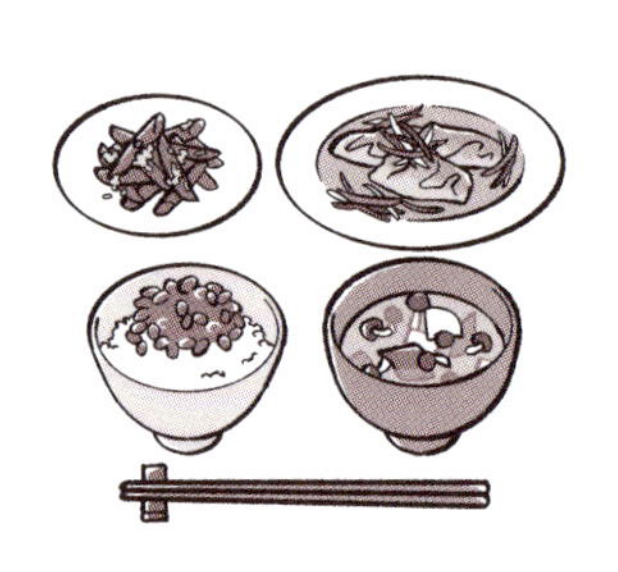

朝食

納豆ご飯
鯵の南蛮漬け
（鯵／にんじん／玉ねぎ／ピーマン）
味噌汁
（なめこ／わかめ／大根）
いんげんの胡麻和え
（いんげん／ごま）

ま ご わ や さ し い

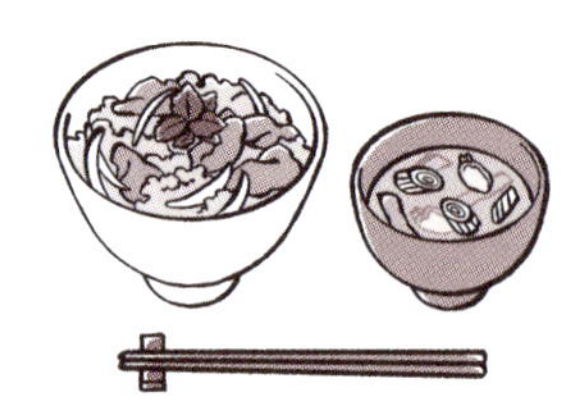

昼食

親子丼
（鶏もも／卵／玉ねぎ／みつば）
味噌汁
（あさり缶／油揚げ／ねぎ）

夕食

豚しゃぶサラダうどん
（豚しゃぶロース／水菜／きゅうり
トマト／うどん）
スープ
（キムチ／ニラ／えのき／もやし）

ま ご わ や さ し い

5日目

朝食

白米
鯖の味噌煮
お吸い物
（みつば／もずく／豆腐／ねぎ）
きゅうりと長芋の梅和え
（きゅうり／長芋／梅）

まごわやさしい

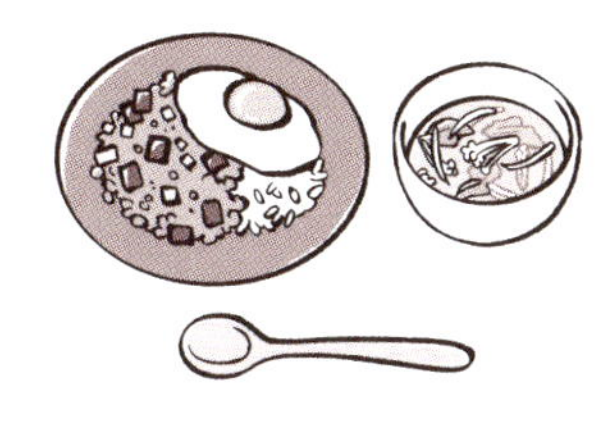

昼食

ガパオライス
（鶏ひき肉／パプリカ／玉ねぎ／卵）
鶏ガラスープ
（白菜／もやし／えのき）

まごわやさしい

夕食

白米
すき煮
（牛こま／焼き豆腐／ねぎ／しらたき）
きんぴらごぼう
（ごぼう／にんじん／ごま）
ブロッコリーとカニカマのわさびマヨ和え
（ブロッコリー／カニカマ）

まごわやさしい

6日目

朝食

白米

鮭のソテー

（鮭／しめじ）

たこと小松菜のキムチ炒め

（たこ／小松菜／キムチ）

味噌汁

（にんじん／れんこん／ねぎ）

ま ご わ や さ し い

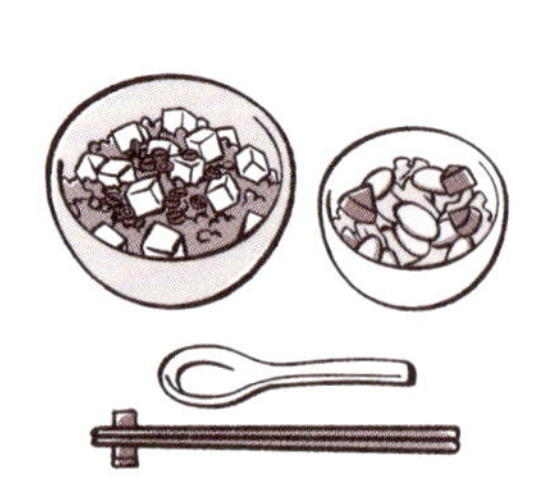

昼食

麻婆豆腐丼

（鶏ひき肉／豆腐／ねぎ）

サラダ

（レタス／きゅうり／トマト）

夕食

お好み焼き

（豚こま／キャベツ／卵）

味噌汁

（わかめ／かぼちゃ／玉ねぎ）

モロヘイヤのおひたし

（モロヘイヤ／ごま）

ま ご わ や さ し い

7日目

まごわやさしい

朝食

トースト
（しらす／チーズ／大葉）
トマ玉炒め
（トマト／卵／豆苗）
コンソメスープ
（玉ねぎ／にんじん）
海藻サラダ
（レタス／海藻／ツナ缶）

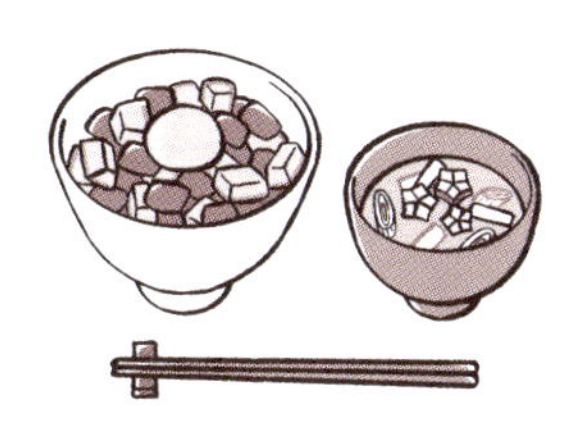

まごわやさしい

昼食

ポキ丼
（サーモン／アボカド／卵）
味噌汁
（オクラ／長芋／ねぎ）

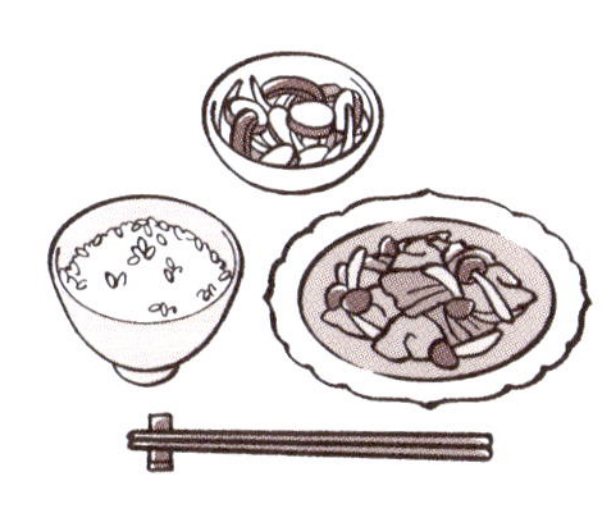

まごわやさしい

夕食

白米
鶏のトマト煮
（鶏むね／キャベツ／しめじ／トマト缶）
マリネ
（ナス／ズッキーニ／パプリカ／玉ねぎ）

参　考　書　籍

『ダイエットをしたら太ります。最新医学データが示す不都合な真実』（永田利彦／光文社新書）

『最後のダイエット』（石川善樹／マガジンハウス）

『寝たきり老人になりたくないならダイエットはおやめなさい。「筋肉減らし」が老いの原因だった』（久野譜也／飛鳥新社）

『小さな習慣』（スティーヴン・ガイズ／ダイヤモンド社）

『小さなダイエットの習慣』（スティーヴン・ガイズ／ダイヤモンド社）

『忖度なしの栄養学 科学的根拠に基づいた「ボディメイク×ニュートリション」の新バイブル』（NEXTITKento／ベースボール・マガジン社）

『短期間で“よい習慣"が身につき、人生が思い通りになる! 超習慣術』（メンタリストDaiGo／ゴマブックス）

『科学的に正しいダイエット 最高の教科書』（庵野拓将／KADOKAWA）

『簡単! 箸置きダイエット よく嚙むとカラダは変わる ココロも変わる どんどん変わる』（金城実／プレジデント社）

『無理なくやせる“脳科学ダイエット"』（久賀谷亮／主婦の友社）

『人生を変える最強の食事習慣―『時間栄養学』で「健康」「成功」を手に入れる』（大池秀明／農林統計協会）

『【図解でわかる!】やってはいけないウォーキング』（青柳幸利／SBクリエイティブ）

『佐々木敏の栄養データはこう読む!』（佐々木敏／女子栄養大学出版部）

『佐々木敏のデータ栄養学のすすめ』（佐々木敏／女子栄養大学出版部）

『オックスフォード式 最高のやせ方』（下村健寿／アスコム）

『日本人の食事摂取基準〈2020年版〉』（厚生労働省）

『肥満症の総合的治療ガイド』（日本肥満症治療学会）

『ライフスタイル療法I 第5版 生活習慣改善のための認知行動療法』（足達淑子／医歯薬出版）

＊論文などの参考文献はWebにまとめて掲載しております。

Special Thanks

基太村明子

Akemi

誠野

ターシー

澤木裕子

mariko

公輝

Yukiko

ゴトウ

miwako

こうへい

みか

森下久美子

Kohei

さおり

まり

かよこ

MIKI SONODA

たけむら

べびちゃん

高林

Masumi

Uemura

小堀正展

Ryo

Mari

よういち

YOSUKE KISHI

八田益之

HISAKO

Chika

べちちゃん

KAYOKO TATEISHI

まさみん

（敬称略・順不同）

著　者　紹　介

増戸（ましと） 聡司（さとし）（ダイエットポリス）

元警察官／オンラインダイエット指導者／船上トレーナー

1995年にテレビ番組「筋肉番付」の腕立て伏せ全国大会に出場し、1055回の記録で準優勝。

仙台リゾート＆スポーツ専門学校を卒業後、警察官になり約4年間勤務。退職後、仙台大学体育学部に編入学。

全日本大学生アームレスリング大会や､体重別の全日本腕相撲選手権大会で優勝するなど､自分自身でも健康的なダイエットを長年にわたり実践・研究している。

2013年から約3年間、大手パーソナルトレーニングジムの六本木店やシンガポール店などで勤務。

2018年にオンラインでのダイエット指導を開始。メッセージのやり取りによる食事や生活習慣の改善で250人以上が結果を出している。

2018年からは豪華客船にフィットネストレーナーとして乗船し、2019年には200泊以上を船で過ごす。これまで船上で延べ5000人以上に運動指導を実施。

2016年にはNetflixの巨大なアスレチックに挑戦する番組「アルティメットビーストマスター」に日本代表で出場。

趣味は旅行で、世界一周クルーズに2回乗船し、さらにバックパッカーとしても世界一周の経験がある。

ダイエット系の保有資格は｢全米エクササイズ＆スポーツトレーナー協会 NESTA認定パーソナルトレーナー」「日本ダイエット健康協会認定 ダイエット検定1級プロフェッショナルアドバイザー」など。

増戸聡司（@armsendai）
X(旧Twitter)アカウント

LINEオープンチャット
「ダイエットは習慣が9割」

ダイエットは習慣が9割 決定版

2023年5月1日　初版第1刷発行
2024年11月1日 決定版第1刷発行

著者	増戸 聡司
発行者	谷口 一真
発行所	リチェンジ
	〒115-0044 東京都北区赤羽南 2-6-6 スカイブリッジビル B1F

編集	玉村 菜摘
編集協力	畑中 美香
企画協力	宮本 里香（NPO 企画のたまご屋さん）
DTP	玉村 菜摘
カバーイラスト	うえだ かおるこ
カバーデザイン	小口 翔平＋後藤 司（tobufune）
本文イラスト	喜多 まこ
印刷・製本	中央精版印刷株式会社

発売元	星雲社（共同出版社・流通責任出版社）
	〒112-0005 東京都文京区水道 1-3-30
	TEL：03-3868-3275

ISBN 978-4-434-34411-4